# REPENSAR EL AMOR

© 2020, 2025 Monica Berg. Todos los derechos están reservados.
Publicado por Kabbalah Center Publishing.

Ninguna parte de esta publicación puede ser reproducida o transmitida en forma alguna o por ningún medio, electrónico o mecánico, incluyendo fotocopias, grabaciones o empleando sistemas de almacenamiento y recuperación de información, sin el permiso por escrito de la editorial, excepto en el caso de un crítico que desee citar breves pasajes relacionados con un comentario para la inclusión en una revista, periódico o transmisión radiofónica o televisiva.

Kabbalah Centre Publishing es una unidad de negocio registrada de Kabbalah Centre International, Inc.

Para más información:

The Kabbalah Centre
155 E. 48th St., New York, NY 10017
1062 S. Robertson Blvd., Los Angeles, CA 90035

1.800.Kabbalah
kabbalah.com/es

Impreso en Canadá, abril 2021

ISBN: 978-1-952895-47-0
Repensar el amor

Diseño: HL Design (Hyun Min Lee) www.hldesignco.com

Repensar serie:

# Repensar
## el amor

3 PASOS PARA SER EL INDICADO,
ATRAER AL INDICADO Y VOLVERSE UNO

MONICA BERG

Dedico este libro con mucho amor
a mi esposo, Michael.

"He aquí el secreto más profundo que nadie conoce (aquí está la raíz de la raíz y el botón del botón y el cielo del cielo de un árbol llamado vida; el cual crece más alto de lo que el alma puede esperar o la mente puede ocultar) y esta es la maravilla que mantiene a las estrellas separadas".

Llevo tu corazón conmigo (lo llevo en mi corazón)

— E. E. Cummings

Amadísimo, querido, por siempre y para siempre

Michael: Puedo decir de todo corazón que hemos crecido tanto juntos. Las personas en que nos hemos convertido son tan diferentes, mejores y más enamoradas que las personas que éramos cuando nos casamos hace veintidós años.

Todo contigo es mejor. Tú eres mi hogar.

No son las grandes cosas que haces, sino las pequeñas cosas que conmueven a mi corazón tan profundamente.

Cuando me casé contigo, sentí que estaba empezando una nueva vida, con posibilidades infinitas, oportunidades, emoción y trabajo (del buen tipo), que consiste en encontrar propósito y perseguir la libertad.

Encontré una vieja tarjeta de aniversario que me escribiste: "Por supuesto, no eres perfecta; nadie tiene que serlo. Pero a menudo es en tus caídas y errores que se revelan las mejores partes de ti. Espero que un día puedas verte a ti misma como yo te veo, y apreciar quién eres tanto como yo lo hago".

Michael: tú me das la fuerza, el apoyo y la visión para atreverme, para desear más, hacer más y ser más.

Te amo más,
Monica

# Índice

**Introducción**  13

**Parte 1: Yo**
1: Tú mismo te completas   21
2: Ser fiel a ti mismo   27
3: Sé tu propia pareja ideal   37
4: Amor y cambios pequeños   43
5: Tikún: Tu equipaje personal   53
6: Los pensamientos crean la realidad   61
7: Entender las emociones como señales   71
8: Responsabilidad radical   77
9: Eres adorable   91

**Parte 2: Pasar de "yo" a "nosotros"**
10: El síndrome de Cenicienta   99
11: Suficientemente bueno no es suficientemente bueno   111
12: Distinguir entre realidad y ficción   119
13: Todo se trata de mí, mí, mí…   129

**Parte 3: Nosotros**
14: Elevar el amor   141
15: Almas gemelas   155
16: Espejito, espejito…   169
17: ¿Qué estás diciendo?   175
18: Batalla espiritual   183
19: Lo siento   199

20: Despertar apreciación   207
21: Permite que te conozcan   213
22: Repensar el sexo   223
23: Las relaciones felices están basadas en una amistad profunda   233
24: La práctica hace al maestro   241

**Conclusión: El ~~final~~ comienzo**
Acerca de la autora   249
Reconocimientos   251
Referencias bibliográficas   253

# Introducción

**Solo hay una manera de recibir amor, y es darlo.**

He asistido a más de 500 bodas durante veinte años, y he estado al tanto de los momentos más íntimos de las parejas, mientras comparten sus esperanzas y temores acerca del matrimonio antes de la ceremonia y mientras resuelven los problemas inevitables que surgen después... y algunas veces mucho tiempo después. No, no suelo colarme en bodas, estoy casada con un rabino. Esto, combinado con lo que he aprendido acerca del amor en mi propia vida, mis estudios de las antiguas enseñanzas de la Kabbalah y ser consejera de parejas me pone en una posición única para observar lo que realmente sucede en las diferentes etapas de una relación. Esto forma la base de lo que deseo compartir con ustedes en las páginas a continuación.

Mi enfoque para aconsejar a las parejas es muy diferente al de un consejero matrimonial tradicional. Me reúno con parejas en diferentes etapas de su relación. Pueden estar comenzando a salir o luchando con las presiones de iniciar una familia o tratando de reavivar la pasión en una relación que ha durado décadas. Cuando empezamos a trabajar juntos, dejo claro que ellos están participando en un proceso que es más grande que solamente una solución específica. Independientemente del resultado (ya sea que la pareja permanezca junta o no), la experiencia es algo que sus almas necesitan. Las relaciones pueden ser nuestra mayor fuente de dolor, así como nuestra mayor fuente de alegría. Cuando las parejas cruzan mi puerta la primera vez, a menudo veo lo primero. El amor todavía está ahí, pero les faltan las herramientas correctas para arreglarlo. Con la conciencia seguida por la acción, todos podemos recuperar la relación que deseamos y que tanto merecemos.

Muchas veces cuando llegamos a un lugar difícil en nuestra vida, cuando nos sentimos completamente bloqueados, nuestro primer instinto es buscar una salida. Nos falta la perspectiva para ver que cada reto es una oportunidad disfrazada de callejón sin salida.

Mi mensaje es tan simple como esto: el amor no es algo que necesitamos encontrar, acumular y proteger. Solo hay una manera de recibir amor y es darlo. *Repensar el amor* no va a enseñarte a tener una relación feliz. Va a proveerte las herramientas para crear una relación significativa llena de propósito.

Una en la que tú y tu pareja no solo busquen mejorarse a ustedes mismos, sino al mundo que los rodea. Y resulta que los efectos colaterales de esto son alegría y plenitud.

Más que un manual de autoayuda, este libro te alienta a asumir responsabilidad y emprender acciones, lo cual es la mejor manera de enriquecer tu vida y amar con más profundidad. Yo creo en las soluciones prácticas de aplicación inmediata y de larga duración, pero no hay panaceas o arreglos rápidos cuando se trata de tener una relación exitosa.

## La verdad es que toda relación tiene sus problemas, y las relaciones que funcionan son las relaciones en las que trabajamos.

Este libro te llevará en un viaje de autodescubrimiento. Obtengo material de mi experiencia personal, así como de las parejas a quienes he orientado, hallazgos científicos y psicológicos actuales, y también de las enseñanzas de la Kabbalah. La Kabbalah es una sabiduría comprobada que explica las complejidades del mundo material y el inmaterial, junto con la naturaleza física y espiritual de toda la humanidad. Cada capítulo contiene principios kabbalísticos y explora cómo aplicarlos a tu vida y tus relaciones para acercarte al amor íntimo y duradero que todos anhelamos.

Por miles de años, los kabbalistas han enseñado que todo ser humano nace con el potencial para la grandeza, y la Kabbalah es un medio extraordinariamente efectivo para activar ese potencial. La Kabbalah es una herramienta práctica. Su propósito es traer claridad, entendimiento y libertad a nuestra vida. Aplicar sus principios a tu vida será trabajo duro, pero así es cualquier cosa que vale la pena. Según la Kabbalah, estás destinado a la grandeza en cada área de tu vida. Este es tu derecho de nacimiento, pero es tu *responsabilidad* buscar la vida y el amor que deseas.

Mientras que muchos enfoques de autoayuda te enseñan a rodear un problema, evitar los malos sentimientos o aprender a sobrellevar una situación, la Kabbalah te lleva a transitarlo. Sin esquivarlo, sin medicamentos, sino atravesándolo hasta la otra orilla. El objetivo de la Kabbalah es la transformación. La Kabbalah cambia a las personas, razón por la cual desempeña un papel esencial en mi método. He visto de primera mano cómo la sabiduría kabbalística y las soluciones del mundo real pueden traer Luz y fuerza incluso a la situación más desafiante. Cada día veo personas aplicando este enfoque a sus vidas y cambiando para mejor.

Hay algo que es importante establecer desde el principio: no hay tal cosa como un matrimonio estable. Hay matrimonios felices y hay matrimonios infelices, pero no estables. En todas las áreas de la vida avanzamos o retrocedemos, pero nunca permanecemos igual. Aceptar esta verdad básica faculta a las parejas para cambiar su conciencia. Cuando cambiamos nuestros pensamientos, cambiamos la naturaleza misma de nuestra relación con nosotros mismos y con nuestros compañeros.

## Todo se puede cambiar porque la vida está cambiando constantemente.

*Repensar el amor* disipará las muchas ideas equivocadas que puedas tener con relación al amor, y una vez que estén despejadas, este libro te ayudará a transitar tu relación a través tanto de los buenos tiempos como los desafiantes. Y he aquí mi primer consejo: ten cuidado con los consejos sobre relaciones. (Sí, veo la ironía en esto, pero escúchame hasta el final). Sé cauteloso en quién confías. Si confías en una persona con sus propios problemas de relaciones, lo más probable es que recibas un consejo que refleje sus propios problemas. Yo estaré compartiendo muchos aspectos de mis veinte años de matrimonio: lo bueno, lo malo y lo extremadamente embarazoso (me disculpé por adelantado con mi esposo Michael). Espero que este libro te inspire a mirar en tu propia relación con verdad, sinceridad y un corazón abierto.

He escrito *Repensar el amor* en tres partes:

- **Parte 1: Yo** consiste en el primer paso fundamental y más crucial en las relaciones, uno que la mayoría de las personas olvida, la relación que tienes contigo mismo. No subestimes la importancia de cultivarla. Al trabajar en conocerte y aceptarte, estás elevando todas las otras relaciones en tu vida: en los negocios, la familia y el amor.

- **Parte 2: Pasar de "yo" a "nosotros"** es acerca de cómo mantener tus creencias y permanecer firme en la persona que eres mientras navegas en las complejidades de una relación con alguien más.

- **Parte 3: Nosotros** es un manual para desarrollar tu relación hasta su máximo potencial.

**Ahora es tiempo de repensar lo que pensamos que sabemos acerca del amor.**

## Parte Uno

# Yo

Si alguien tiene que cambiar probablemente ~~seas tú~~ sea yo

Capítulo uno

# Tú mismo te completas

**"Los niños nunca han sido muy buenos en escuchar a sus mayores, pero nunca fallan en imitarlos".**[1] **—James Baldwin**

........

Observa a profundidad las creencias de tu niñez acerca del amor. Digamos que tienes un cónyuge que es distante y poco cariñoso. Cuando te observas a ti mismo con más detenimiento, puedes encontrar esa cualidad en uno o ambos de tus padres. Quizá eran fríos y poco cariñosos el uno con el otro, y por ende, eso es lo que tú subconscientemente tomas como modelo sobre lo que debe ser el amor.

No estoy sugiriendo que culpes a tus padres, sino que estoy proponiendo que emprendas una investigación clara acerca de dónde se originaron tus ideas acerca del amor. Examina tu primer modelo de una relación amorosa. No juzgues a nadie aquí, ni a tus padres ni a ti mismo; aborda esta pregunta con curiosidad. Los niños copian lo que ven hacer a los adultos; es natural, de modo que su conducta refleja lo que ellos observan en su casa. ¿Cómo este modelo ha afectado tu relación actual?

Cada uno de nosotros tiene experiencias de vida que nos han moldeado. En parte, somos una suma de nuestro pasado, conformado por cómo dimos amor y cómo hemos recibido amor, junto con las heridas que guardamos en nuestro corazón, el equipaje que cargamos de nuestras relaciones pasadas y las películas están en nuestra cabeza. Yo deseo escribir tanto como tú deseas leer acerca de cómo mejorar tu relación con tu pareja, pero siempre regresaré a la relación que tienes contigo mismo. Todos sabemos que es aquí donde se comienza, pero la noticia sorprendente es que aquí es también donde termina.

Muy a menudo, los problemas entre parejas surgen no porque estemos inconscientes de la historia o el pasado de nuestra pareja, sino porque no estamos conscientes de las narrativas en nuestra mente. Ahí es donde tenemos que empezar: conmigo. Tal y como dijo Sócrates: *conócete a ti mismo*. Y luego, como verás en la segunda parte de este libro, una vez que te conozcas a ti mismo, entonces podrás conocer a tu pareja. En realidad, es imposible mantener una conciencia elevada con otra persona hasta que uno mismo haya profundizado en su interior —y haya aprendido a apreciar— la esencia de su propia alma.

Mucha gente brillante se dispone con entusiasmo a entender el mundo mientras descuidan la tarea de entenderse a sí mismos. Acudí a mi doctor para mi revisión anual. Dado que conoce cuánto viajo, me preguntó si tenía viajes próximos. Le dije que me estaba preparando para dar una conferencia sobre alcanzar nuestro potencial. "¿Nuestro potencial en qué?", preguntó. "Nuestro potencial en la vida", respondí. Me miró con cara de confusión, y me di cuenta de que la mayoría de la gente no piensa en la vida bajo estos términos. En nuestra sociedad tendemos a pensar en nuestras metas, no en nuestro potencial. Nuestro enfoque principal está en encontrar a nuestra alma gemela, casarnos, tener hijos, estar en forma, perder peso, ahorrar dinero para la jubilación, etc. No me malinterpreten. Las metas son esenciales, pero tendemos a poner demasiado énfasis en ellas mientras perdemos de vista el panorama más amplio: manifestar nuestro propósito en la vida. Así que ¿cómo puedo averiguar mi propósito? ¡Esa es una gran pregunta!

Esto empieza con la introspección y la identificación de tus creencias. El viaje del autodescubrimiento dura toda la vida, y tu propósito siempre está evolucionando. Puedes encontrar pistas para tu propósito particular al contemplar lo que disfrutas hacer y lo que te da un sentimiento de satisfacción. Luego extrapola eso preguntándote cómo puedes compartirlo con el mundo. Llevar una vida llena de propósito significa tomar tus dones y compartirlos. Es a través de este proceso de toda una vida de autodescubrimiento que encontramos la plenitud verdadera.

Estamos acostumbrados, como individuos y como sociedad, a buscar la plenitud en el exterior. Y entonces comienza la historia de cada relación con problemas porque, a menos que te conozcas y te entiendas a ti mismo, tus relaciones *te* ocurren a ti en vez de ocurrir *a través* de ti.

## PRINCIPIO KABBALÍSTICO:

Toda situación en la vida tiene un aspecto externo y un aspecto interno, y rara vez, si es que alguna vez, son iguales. Nuestro cuerpo y todos sus deseos representan el aspecto externo, y nuestra alma representa el aspecto interno.

·········

Lo que buscas nunca puede venir de un lugar externo. Ni de un empleo ni de una relación, ni de la belleza ni la riqueza. De nada que puedas ver o tocar. El anhelo profundo que sentimos de conectarnos con algo más grande que nosotros mismos solo puede satisfacerse al explorar nuestro aspecto interno. Este es nuestro enlace a lo que los kabbalistas llaman la "Luz del Creador", la "Luz", la "Fuente", y lo que la mayoría llama "Dios". La desconexión de nuestro aspecto interior resulta en sentimientos de infelicidad, depresión, ansiedad, vacío y una necesidad constante de aprobación. Cuando nos concentramos de nuevo en nuestro aspecto interior, redescubrimos la felicidad y la plenitud que tanto anhelamos. Esto es cierto también en las relaciones.

El aspecto externo está expresado como las cosas materiales que nuestras parejas nos dan. Por el contrario, el aspecto interno de la relación es la alegría que te da descubrir la huella única del alma de tu pareja. Cuando puedes conectarte a su aspecto interior, tu conexión con ella continuará independientemente de las dificultades u obstáculos. Estás conectado a su alma, lo cual trasciende lo físico.

He descubierto, en mi viaje, que estar centrado en uno mismo es la base para ser fuerte. Mientras más conectada estoy con lo que está dentro de mí, más puedo hacer por los demás. Si soy comprensiva y compasiva con respecto a mi propio cuerpo, mis pensamientos y emociones, entonces también puedo ser compasiva con los demás. No podemos dar lo que no tenemos. Nunca puedes hacer todas estas cosas por alguien más primero y luego ocuparte de ti.

No es fácil crear este cambio, pero es la única manera de crear un fuerte sentido del ser. No estoy pidiéndote que te vuelvas egocéntrico, sino estar centrado en ti mismo para que no dependas de tu pareja para esa fuerza. La diferencia es crucial. No me refiero a ser egocéntrico y vivir ensimismado; me refiero a estar "centrado" e interesado en ti mismo. Se trata de estar en contacto con tu ser interior: atendiendo, apoyando y fortaleciendo el aspecto del alma en ti.

Cuando estamos conectados a nuestro aspecto interno (la Fuente), no estamos esperando que alguien nos satisfaga. El amor nunca está fuera de nosotros; el amor está dentro de nosotros.

## Ser consciente es el primer paso

Kalonymus Kalman Shapira era un kabbalista inspirador cuyo trabajo ha influido en mí profundamente. Sus palabras son tan actuales y relevantes como si las hubiera escrito hoy. Su vida fue arrebatada en el Holocausto.

Él enterró sus diarios en el campo de concentración donde estaba detenido. En un escrito, llamado *La obligación del estudiante*, planteó que al niño se le debe imbuir "con una visión de su grandeza potencial" y debe ser "un participante activo en su propio desarrollo".[2]

Kalman observa las diferencias entre el alma y el cuerpo. Este último representa el mundo tangible; puedes verlo, puedes sentirlo, es lo que dejas atrás después de que mueres. Pero el alma es invisible e intangible. Las emociones, los pensamientos y los sentimientos son solo evidentes para el alma, y el punto de partida para llegar a conocerla es la introspección. En las palabras de Kalman, "Cada persona necesita hacer una evaluación honesta, con un autorreconocimiento sincero, de las complejidades de su alma única".[3]

## Momento para repensar

- **¿Cómo te sientes en la mañana cuando despiertas, y qué te emociona?**

- **¿Cuál es tu intención para cada día?**

- **Cuando tomas decisiones, ¿en qué están basadas? ¿Influencia externa? ¿Comodidad? ¿O un conocimiento profundo de ti mismo?**

**Solamente tú puedes ser sincero contigo mismo. Nadie más puede hacer eso por ti. Este es tu trabajo en esta vida.**

Capítulo dos

# Ser fiel a ti mismo

Hay una mentalidad colectiva en nuestra cultura: que ser amado románticamente por otra persona nos llevará a aceptarnos. Al igual que Bridget Jones[4], creemos que el amor nos dará un valor que no poseemos inherentemente: *Debo valer la pena porque, después de todo, él me ama tal como soy*. En vez de dedicar tiempo a explorar quiénes somos y qué deseamos, nos embarcamos en una búsqueda para encontrar a nuestra pareja perfecta, pensando que ese es el camino a la felicidad cuando solo es un decepcionante callejón sin salida. No es razonable confiar en que situaciones externas nos harán felices. Sin embargo, cuando se trata de las relaciones, caemos en la trampa de esperar que nuestra pareja nos haga felices. Porque eso es lo que sucede cuando encontramos a alguien, ¿no es así?

Muchos de nosotros sentimos un fuerte deseo —o a veces, una necesidad desesperada— de encontrar "al indicado", la pareja romántica que va a hacer que nuestras vidas se sientan completas. Nos preguntamos cómo encontraremos a esa persona y cómo la conservaremos una vez que la encontremos. Pero ese sentimiento que ansiamos solo se puede encontrar dentro de nosotros mismos. Sé con absoluta certeza que, a menos que hayas desarrollado una relación fuerte contigo mismo, será imposible sostener una relación significativa con alguien más, romántica o de otra índole. Si te dispones a obtener ese anillo en tu dedo, vivir "felices para siempre" sin experimentar nunca el proceso vital de la autoexploración, estás construyendo tus relaciones sobre una base débil.

Revisa las aplicaciones de citas en línea y verás todos los diferentes requisitos que los candidatos de pareja deben cumplir: estabilidad financiera, atractivo físico y amor por las mascotas son algunas de las más comunes.

Cuando ponemos énfasis en las cosas erróneas, sea dinero o atractivo físico, lo más probable es que atraigamos a la pareja equivocada.

Deseamos todas estas cosas, y tienen importancia, pero se debe hacer énfasis en lo que es duradero. El dinero se gasta y la apariencia se desvanece. Lo único que perdura es lo que está en el interior. Lo importante es que compartan una espiritualidad compatible, un código moral, y den valor a las mismas cosas en la vida. Esto asegura que ustedes puedan crecer juntos y transitar juntos los inevitables desafíos de la vida.

Desafortunadamente, para muchas personas que están deprimidas o con miedo a estar solas, la compañía puede parecer como una salvación rápida. Pero las relaciones nunca son una manera de salir de las dificultades personales, emocionales o de otro tipo. La persona a la que amas puede compartir tu realización, puede apoyarte cuando encuentres tu realización, pero no puede proveerla.

## PRINCIPIO KABBALÍSTICO:

No puedes dar lo que no posees.

........

Las personas en relaciones a menudo terminan sintiéndose perdidas porque nunca se encontraron a sí mismas en primer lugar. Esperamos que nuestro cónyuge nos satisfaga y nos haga sentir validados, importantes y valiosos. Es una manera anticuada de pensar que surgió en la era en la que se enseñaba que las mujeres no eran nada si no estaban casadas. Esta es una receta para el desastre, un estado de conciencia que conduce solamente a la desilusión, la insatisfacción, la ira, el estrés y la frustración. He visto incontables ejemplos en los que una persona en la relación, con la mejor de las intenciones, comete el error de sacrificar quien es a fin de ser la mitad de una pareja. El resultado es un desastre cada vez.

## Cada miembro de la pareja necesita ser su propia persona, solamente entonces pueden estar completos juntos.

Ninguno de nosotros está destinado a ser media persona; soltero o casado. Para que el amor perdure en el tiempo, debemos cambiar nuestra forma de pensar. 1 más 1 suman 2. Recientemente, conocí al prometido de mi amiga Rachel, Aaron. Me sorprendió enterarme de que habían decidido casarse después de salir solo por seis meses, y después de vivir en la misma ciudad por apenas tres semanas. Además, la boda sería en pocos meses. Cuando le hice a él algunas preguntas básicas para conocerlo mejor, resultó que su futura esposa también estaba escuchando estas cosas por primera vez.

Una vez que se casaran, planeaban irse a vivir a una pequeña población fuera de la ciudad, aunque a Rachel le encantaba la ciudad y su trabajo como instructora de yoga. Cuando ella expresó alguna aprensión acerca de la vida en una población pequeña, Aaron señaló lo costoso sería para ella viajar regularmente a la ciudad. Ella respondió explicando que usaría el dinero que ganaba enseñando yoga para pagar los gastos de transporte. Mientras él continuaba cuestionándola, Rachel se sonrojó y se hundió en su silla. Finalmente, él dijo: "No quiero que mi esposa trabaje. Quiero que esté esperándome con la cena lista cuando yo regrese a casa".

Él quizá le haya dicho todo esto antes, y en aquel entonces ella pensó que era romántico. Ahora, en el contexto de no poder seguir sus aficiones fuera de casa, esto se sentía exactamente como lo que era: un gesto controlador que no tiene nada de romántico.

Después de que él tuvo éxito sometiéndola a sumisión, acarició cariñosamente el brazo de ella y dijo: "Pero tú sabes que te amo y te apoyaré en lo que quieras". A lo que ella prestó atención fue a sus palabras acarameladas en lugar de como ella se sentía cuando él discutía sus simples deseos. Esto es porque ella está más conectada con la retroalimentación externa que con su propia retroalimentación interna. Se hizo dolorosamente claro que ellos veían la relación de manera muy diferente.

Yo señalé que quizás Rachel y Aaron necesitaban desacelerar las cosas. A pesar de la atracción mutua, parecían tener puntos de vista muy divergentes sobre su matrimonio y sus papeles en este. Subconscientemente, ella teme mostrarle a su prometido quién es ella realmente porque ella misma no se ha aceptado por completo y teme que si él sabe todo lo que ella es, ya no la querrá. Ella desea ser amada y estar enamorada porque estar enamorada se siente bien, y es algo que ella siempre ha anhelado. Pero crear una vida juntos tiene que empezar con algunas preguntas básicas: "¿Sé lo que deseo y puedo hacerme feliz a mí misma? ¿Puede mi pareja hacer lo mismo? ¿Y cómo se ve esto cuando juntamos todo?".

Sé sincero contigo mismo, porque nadie más lo hará, ni puede hacer esto por ti. Este es un paso necesario para cada individuo, porque si dejamos de poner atención en quiénes somos y en qué creemos, entonces finalmente perdemos pista de quienes somos. El peligro aquí es que cuando esto sucede, los pensamientos y los juicios de otras personas se vuelven los nuestros.

## ¿Cómo empezamos a ser sinceros con nosotros mismos?

Ser sincero contigo mismo empieza por escuchar lo que ocurre en tu cerebro y en tu cuerpo.

**Hay una gran fuerza en poder confiar en ti mismo para tomar las decisiones correctas.**

Las mujeres, por ejemplo, son educadas para ser cuidadoras de los demás y, en algún punto, las chicas reciben el mensaje —de los medios de comunicación, de otras compañeras y de sus padres— que necesitan tener éxito en todo ámbito: académicamente, profesionalmente, físicamente, emocionalmente y espiritualmente. Y para colmo, ¡se espera que estén en equilibrio perfecto y control total, lo cual es completamente imposible!

A la vez que se les imponen estas expectativas imposibles, ellas perciben de aquellos que las rodean que demasiado enfoque en ellas mismas es inapropiado. Como el zapatero cuya familia anda descalza, las mujeres tienden a vaciar su energía en tantos lugares que se olvidan de cuidarse a sí mismas. Esto puede conducir a unos cuantos resultados perjudiciales, especialmente en lo concerniente a nuestras relaciones.

La mayoría de nosotros vive en uno (o más) de estos tres estados mentales:

- Nos importa demasiado lo que la gente piensa.

- Contenemos nuestra boca al punto en que ya no podemos reprimir nuestros sentimientos y explotamos.

- Vivimos en un mar de resentimiento, que solamente se ensancha y profundiza cada vez que nos negamos lo que deseamos o estamos reacios a pedirlo.

Los niños pequeños no tienen escrúpulos para expresar, incluso chillando, lo que desean. Pero en un punto crítico en el tercero, cuarto o quinto grado, se consolida la vergüenza de desear. Tener deseos y expresarlos de alguna manera se vuelve descortés y socialmente inaceptable. Ese es el mensaje que recibimos: que debemos esperar a que se nos ofrezca lo que deseamos. Algunas veces observo los berrinches de niños pequeños y deseo poder decir, completamente libre de influencia de las normas sociales, sin pena ni vergüenza: "¡QUIERO ESTO!".

Pedir lo que deseamos es incómodo al principio porque esto significa ser vulnerable y tener la disposición de permitirnos ser vistos. Primero, tenemos que saber lo que deseamos. Luego, tenemos que creer que está bien desearlo y que somos dignos de recibirlo. Después, debemos dárnoslo lo mejor que podamos y estar dispuestos a pedírselo a otros. ¡Una orden bastante grande! Pero una que es necesaria para nuestra felicidad y que se hace más fácil progresivamente.

Las enseñanzas de la Kabbalah declaran que el deseo es el regalo más importante que recibimos en esta vida. El deseo es lo que nos motiva, nos da nuestro impulso, y cómo lo usamos determina el curso de nuestra vida.

A través de examinar lo que deseamos y, más importante aún, *por qué* lo deseamos, conseguimos la mayor cantidad de conocimiento sobre nosotros mismos y aquellos que nos rodean. Muchos que leen un libro acerca de las relaciones tienen un fuerte deseo de mejorar su relación actual. Tan fuerte que dedican muchas horas a ello.

Mantener nuestro deseo es primordial, porque sin la fuerza del deseo impulsándonos hacia delante, permanecemos estáticos. Tan importante como saber lo que deseamos y pedirlo, es permanecer con ansias y deseando continuamente conducir nuestras relaciones a niveles superiores de conectividad, realización e intimidad.

## Liberar la vergüenza de desear

Una tarde hace algunos años, iba saliendo de casa. Literalmente acababa de salir de la cochera e iba a mi cita siguiente. Simultáneamente y sin que yo lo supiera, mi hija de ocho años, Miriam, estaba llegando de la escuela. Debido al momento, no la vi, pero ella ciertamente me vio.

Como yo estaba en una llamada y luego iba directamente a mi próxima reunión, no fue hasta después de la reunión que noté que tenía un mensaje en mi buzón de voz. Cuando llamé a mi buzón de voz, oí una voz llena de histeria. Era mi hija.

"¡MAMI!", se las arregló para sobreponerse a sus jadeos histéricos mientras trataba de recuperar el aliento y hablar al mismo tiempo. "¡Vi tu auto cuando estábamos llegando y luego simplemente te fuiste! ¿Acaso me viste? Estaba muy emocionada de que ibas a estar en casa; hay muchas cosas que quería contarte. ¿Estabas hablando por teléfono?". *Clic*, fin del mensaje.

Escuché el mensaje de mi hija y algo me impactó. Ella había llamado y expresado, de la forma más pura y simple, lo que esperaba y lo que quería. Había querido que yo estuviera en casa, simple y llanamente. No había culpa ni malicia en su mensaje —solo había expresado lo que ella deseaba— y estaba absolutamente libre de vergüenza. Era inocente y veraz.

En realidad, no deberíamos sentir vergüenza por querer cosas —físicas o emocionales— y no deberíamos sentir vergüenza por pedir lo que queremos. ¿De qué otra manera la gente podría saber qué darnos si nosotros no lo sabemos? A menudo querer algo se considera como algo malo, pero no lo es. Es un deseo humano por excelencia. Es la forma de saber que estamos vivos.

Pasé los primeros veintiocho años de mi vida buscando respuestas fuera de mí misma. Estaba muy enredada en todos los demás. "¿Qué piensan? ¿Qué quieren? ¿Qué puedo hacer por mi familia, mis compañeros, mis condiscípulos o mis colegas en el trabajo?".

Habría sido mejor preguntarme: "¿Soy una persona que puede valerse por sí misma? ¿Tengo suficiente entendimiento acerca de quién soy y lo que creo como para tomar las decisiones correctas para mí?". Estas son preguntas profundas que muy pocos de nosotros nos hacemos, pero deberíamos. Esto influye enormemente en las relaciones, porque si no sabes en qué crees, entonces puedes escoger una pareja basándote en cosas arbitrarias. Por ejemplo, puede que encuentres a alguien que te guste mucho, más de lo que te haya gustado alguien en relaciones anteriores, pero aun así no estás completamente segura de que esta es la pareja indicada. Pero con el tiempo, te dejas llevar porque tus padres y amigos confían en que es la persona perfecta para ti. Lo siguiente que te encuentras es que has tomado una decisión muy seria basada en las opiniones y los sentimientos de otros, en lugar de prestar atención a tu voz interior.

<u>"Elévate por encima de la multitud, destaca lo que te hace único. Vuélvete una persona que pueda escoger por sí misma".</u>[5]
—Kalonymous Kalman Shapira

Si no eres alguien por ti mismo, entonces no eres nadie en un grupo; y si el grupo se desaparece, entonces tú también. La mayoría hemos sido condicionados en nuestra visión del mundo por nuestras familias, y fuertemente influenciados por grupos de amigos durante los años formativos de nuestra vida. Es fácil pensar conforme a los caminos de los demás. En lugar de ello, nada activamente contracorriente, luchando contra la corriente para encontrarte a ti mismo y conectarte a tu alma.

Entonces, ¿cómo hacemos esto?

Primero debemos estar dispuestos a desprendernos de la persona que creemos que deberíamos ser a fin de ser quienes somos realmente. Este es el proceso de primero conocer y después aceptar a nuestro verdadero ser. Solo entonces seremos capaces de permanecer íntegros y firmes en lo que creemos, aún si nuestras creencias no son aceptadas o valoradas por los demás.

# Crea tu credo

Quiénes somos y las creencias que hemos establecido provienen de una serie de experiencias y decisiones que hemos tomado consciente o subconsciente a lo largo de nuestra vida. Las creencias son decisiones, y nadie salvo tú mismo tiene la autoridad sobre tus creencias personales. Tus creencias están en peligro solo cuando no sabes cuáles son. ¿Qué creencias te han llevado al lugar donde te encuentras actualmente? Leí *This I Believe: The Personal Philosophies of Remarkable Men and Women (Esto es en lo que creo: Las filosofías personales de mujeres y hombres notables)*, editado por Jay Allison y Dan Gediman.[6] Estos ensayos no se enfocan solamente en lo que se puede aprender en el momento, sino en toda una vida. Un credo es una herramienta poderosa para ayudarte a estar más consciente de tus creencias. Escribir tu credo te ayudará a alinear tus decisiones conforme a tu yo auténtico. También te ayudará a apreciar de dónde vienes y cuánto has logrado ya.

Aquí está un ejercicio de Esto es en lo que creo que recomiendo.[7]

**Escribe tu credo:**

1. **Cuenta una historia acerca de ti:** Sé específico. Define tu creencia y ubícala en los sucesos que han moldeado tus valores centrales.

Considera los momentos en que esta creencia fue formada, puesta a prueba o cambiada. Piensa en tu propia experiencia, trabajo y familia, y escribe las cosas que sabes que nadie más hace. Tu historia no necesita ser conmovedora ni desgarradora —podría ser graciosa—, pero debe ser real.

2. **Sé breve:** Tu declaración debe tener entre 500 y 600 palabras.

3. **Nombra tu creencia:** Si no puedes nombrarla en una o dos oraciones, tu ensayo pudiera no ser acerca de la creencia. También, en vez de escribir una lista, considera enfocarte en una creencia central.

4. **Sé positivo:** Escribe acerca de lo que crees, no de lo que no crees.

5. **Sé personal:** Haz tu ensayo acerca de ti; usa la primera persona. Cuenta un relato de tu propia vida.

Yo llegué a mi credo en los meses inmediatamente siguientes al nacimiento de mi segundo hijo, Josh. Debido a que inicialmente me fue difícil aceptar su diagnóstico de síndrome de Down, se me hizo claro que necesitaba detenerme y observar mi sistema de creencias. Descubrí que no solo no me agradaban algunos de mis puntos de vista, sino que muchos de ellos no eran realmente míos. Eran opiniones formadas durante mi vida, algunas de las cuales me habían inculcado otras personas, en tanto que otras se derivaban directamente de mis miedos. El diagnóstico de Josh y mis ansiedades al respecto me hicieron detenerme y preguntarme: "¿En qué elijo creer?". Como resultado, se me ocurrió mi credo: "En el cambio hay un gran poder".

Entre las muchas emociones contradictorias que sentía en esos días turbulentos después del nacimiento de Josh, había una sensación de traición por parte de mi cuerpo, distanciamiento de mi esposo y separación de mi primer hijo. La injusticia de oír una lista de limitaciones que los doctores decían que Josh tendría —cosas que él nunca diría, haría o experimentaría— me hacía sentir como si él no tenía ningún futuro. Me di cuenta de que yo era una persona completamente concentrada en las opiniones que los demás tenían de mí. Leía los rostros de las personas que pasaban, mirándome a mí y a mi recién nacido, preguntándome qué veían, preguntándome si sentían compasión por mí, si podrían notar que él era diferente.

Fue un tiempo increíblemente doloroso, pero tal y como he aprendido desde entonces, esos momentos contienen una oportunidad inmensa. En lugar de dejar que esta experiencia me definiera, escogí cambiar. Elegí aceptar a mi hijo y descubrir la belleza de su alma y todo lo que él podía ofrecer. Escogí el cambio.

## En el cambio hay un gran poder.

Escogí perseverar a pesar de la circunstancia presente porque he entendido que las personas fuertes están comprometidas a cambiar y crecer cada día de sus vidas. Viven sus vidas con valores, pasión y sueños aun cuando los demás puedan no reconocer, afirmar o concordar con ellos. Yo sé que en el cambio hay gran poder.

Cada uno de nosotros es digno de grandeza. Mi esposo dice siempre: "La grandeza no está reservada para los grandes; los grandes son aquellos que se han levantado para encarar su destino".[8] Ser quienes somos y vivir nuestra vida con verdad y sinceridad es parte de nuestro destino. Sé tú. Sé disciplinado en tu búsqueda.

Capítulo tres

# Sé tu propia pareja ideal

**"Sé tú mismo, el resto de los papeles ya están ocupados". —Oscar Wilde**[9]

........

A medida que profundizamos en nuestro verdadero ser, he notado un tropiezo interesante que a veces se presenta. Digamos que te has fijado la nueva meta de escribir un libreto para una película. Te sientes iluminado por tus ideas y te sientes apasionado mientras trabajas. Luego estás sentado en un cine y ves un avance de una película sorprendentemente parecida. De pronto estás alterado. Puedes estar sintiendo que has perdido tu oportunidad, que tu idea no es original o que nadie va a estar interesado ahora. Lo que en su momento fue un esfuerzo creativo que te trajo emoción y felicidad, ahora se siente inútil y deprimente. ¡Pero espera!

Aquí es donde entra tu autenticidad. Al llevar a tu ser único a tus proyectos, relaciones y vida en general, estás creando algo valioso.

## PRINCIPIO KABBALÍSTICO:

Cada uno de nosotros está destinado a la grandeza: cada uno de nosotros tiene dones y talentos únicos que se nos han dado para que podamos impactar al mundo de una manera que nadie más puede.

Considéralo de esta manera. Cualquiera puede entrar en una librería y comprar un libro de cocina escrito por un chef famoso que contiene una receta específica. Miles de personas pueden comprar los mismos ingredientes, seguir la receta y crear el mismo platillo delicioso. Pero cada vez sabrá un poco diferente; posiblemente *muy* diferente. En algunos casos será glorioso, merecedor de una estrella Michelin. (Si yo lo preparé, probablemente no pedirás repetir. Aunque con los postres es otra historia). La idea es esta: TÚ eres quien hace especial a tu creación. Y cuanto más aportas de tu ser único, auténtico y singular a lo que haces, más destacarán dichos esfuerzos. No solo eso, sino que también te traerán gran alegría, creando bendiciones en toda dirección.

Entonces, ¿qué significa ser auténtico? La mayoría de las personas cree que significa ser honesto, lo cual ciertamente está relacionado, pero en realidad significa ser genuino y, por lo tanto, ser digno de aceptación. Esa última parte me parece clave: digno de aceptación. Ser auténtico es un reconocimiento de que somos imperfectos, pero aún merecemos pertenecer. Mi deseo para todos nosotros es que lleguemos a saber que la persona que somos es suficiente. En algún punto de nuestra vida, aprendimos a no amarnos. La buena noticia: esto puede desaprenderse. Si esperamos hasta que seamos "perfectos" para poder amarnos a nosotros mismos —hasta que seamos lo suficientemente delgados, suficientemente exitosos o suficientemente felices—, estaremos esperando por siempre.

El psicólogo David Schnarch lo explica de esta manera: "Es difícil ser un adulto auténtico porque significa, entre otras cosas, calmar tus propios malos sentimientos sin la ayuda de otro, perseguir tus propias metas y defenderte solo. La mayoría de la gente asocia estas habilidades con la soltería, pero los matrimonios no pueden tener éxito a menos que reclamemos nuestro sentido de identidad en la presencia de otro".[10]

# Pertenecer versus encajar: Defenderme solo

En la escuela secundaria, yo era lo que la mayoría consideraría popular. Encajaba. Hablaba, actuaba y me vestía según los estándares implícitos de la multitud popular. Más tarde me di cuenta de que me reprimía a mí misma ante cualquier amenaza de no ser aceptada. No estaba siendo sincera acerca de mis pasiones o intereses, ni expresaba ninguna debilidad o temor. Esto requería tanto esfuerzo que no me quedaba mucho tiempo o energía para explorar quien era yo realmente, preguntarme si era feliz, o para pasar tiempo en cosas que me parecían significativas. Me contuve de preguntarme quién deseaba ser por miedo a ser excluida. ¡Encajar no es pertenecer! Encajar a menudo requiere que tú cambies o suprimas tu ser auténtico para imitar a los demás. Por otra parte, pertenecer es presentarte bajo tus propios términos, con tu voz y estilo únicos. Pertenecer es ser aceptado por quien eres, con el conocimiento de que incluso los peores rasgos de tu personalidad o tus defectos no serán usados en tu contra para causarte dolor. Creer que todas las personas nos aceptarán no es una noción realista. Habrá quienes te ataquen, pero si tú te aceptas a ti mismo, entonces serás capaz de superar esos momentos sin que tambalee tu autoestima.

Hay una antigua palabra en ídish: *ejt*, que significa "ser sincero, ser genuino, ser auténtico". Para pertenecer verdaderamente, tienes que ser *ejt*. ¿Cómo podemos ser aceptados por los demás de forma genuina y significativa si no amamos y aceptamos la persona que somos en nuestra esencia? ¿Cómo podemos hablar, actuar y pensar en perfecto acuerdo con nuestra esencia si, en algún nivel, no nos gusta quiénes somos?

Esta clase de autenticidad y autoaceptación es la base, el fundamento sobre el cual se edifican vidas felices. Sin autenticidad, nuestras relaciones carecen de plenitud, intimidad y felicidad. A veces las personas no tienen vidas auténticas antes de empezar una relación, lo cual puede ser difícil porque, a lo largo de nuestra vida, pasamos por un proceso de autodescubrimiento. En la medida que avanzamos en este viaje, puede que nos encontremos con alguien que no nos acepta.

Lo más valioso que podemos hacer es ser nosotros mismos, nuestra mejor versión. Sé tu propia pareja ideal. Vivir cada momento con autenticidad requiere esfuerzo constante, pero a la larga es más agotador negar lo que somos y vivir la verdad de alguien más.

La Dra. Brené Brown, profesora y escritora de éxito en ventas, tiene un gran consejo para mantener tu sentido de identidad incluso ante la crítica. Toma un pequeño pedazo de papel y escribe el nombre de cada persona a quien de corazón le interese tu bienestar. La próxima vez que alguien te critique y su nombre no está en tu lista, desde luego que puedes estar abierto a lo que tenga que decir, pero no permitas que su opinión te frustre.[11]

# La aprobación verdadera viene de ti

Por definición, aprobar significa demostrar que algo está basado en la verdad o en hechos. Cuando buscamos aprobación de los demás, estamos buscando aceptación, demostrar que estamos "bien". Buscar aprobación se origina en la inseguridad y la falta de confianza en sí mismo. Por otra parte, la retroalimentación es simplemente información. Es una respuesta a lo que estamos haciendo y, como tal, puede ser muy útil. En pocas palabras, cuando estás buscando aprobación, en efecto estás diciendo: "Ayúdame a estar bien". Cuando pides retroalimentación, en efecto estás diciendo: "Ayúdame a ser mejor".

Buscar aprobación de tu pareja puede ser especialmente problemático. Por ejemplo, si tu pareja te aprueba diciéndote que eres atractivo, y esto es algo que nunca has creído de ti mismo, entonces esta creencia ahora está basada enteramente en la opinión de tu pareja. Aún más lamentable, si tu pareja cambia su opinión acerca de ti, entonces ya no te sientes atractivo porque nunca lo hiciste en primer lugar. ¿Ves el problema? A menos que reconozcas y aceptes las cosas que te hacen maravilloso por dentro y por fuera, vas a ser completamente dependiente de la aprobación externa.

La desaprobación es un patrón con el que un miembro de la pareja, sutil o directamente, menosprecia los pensamientos, los sentimientos o la personalidad del otro. A veces puede que realmente no esté ocurriendo la desaprobación, pero se siente así cuando constantemente buscas que alguien más te haga sentir completo y valorado. Una pareja a la que aconsejé estaba lidiando con este mismo problema. Cuando se conocieron por primera vez, la esposa era la más exitosa de los dos a nivel profesional. Posteriormente, tuvieron tres hijos, punto en el cual ella decidió renunciar a su trabajo para pasar más tiempo con ellos. Al paso del tiempo, ella se comenzó a sentir más emocionalmente exigente con su marido. Y cuanto más necesitada ella se sentía, menos interesado él parecía estar.

Por un tiempo, la esposa culpó a su esposo por alejarse de ella. Afortunadamente, ella descubrió lo que en realidad estaba sucediendo. Debido a que ella ya no estaba trabajando, perdió una parte esencial de sí misma y empezó a buscar que el esposo le proporcionara una parte de su identidad que estaba perdida. Una vez que se dio cuenta de esto, de nuevo empezó a trabajar tiempo completo, haciendo malabares con su carrera mientras también criaba a sus hijos; y su esposo volvió a estar muy presente. Ella no le pidió a él que cambiara o se interesara en ella. Más bien, puso énfasis en sus propias acciones, persiguió lo que deseaba y dejó de esperar que él le diera aprobación.

## Momento para repensar

**En el proceso de dar los pasos para aprobarte a ti mismo, aquí están unas cuantas preguntas que te puedes hacer:**

- **En el pasado, ¿qué aspecto de tu ser has buscado que alguien más apruebe?**

- **¿Cuáles son las expectativas actuales que tienes de tu pareja?**

- **Al entender que la aprobación solamente puede venir de ti, ¿cómo puedes proporcionarte la aprobación que has buscado de tu pareja?**

Con esta conciencia, puedes comenzar a quitarle presión a tu relación como tu única fuente de felicidad. Asumir la responsabilidad de tu felicidad te permite tener un sentido de propósito. Como resultado, tu pareja empezará a tratarte de manera diferente simplemente porque tú has cambiado tu propia energía. Así es como funciona.

Si eres soltero, este proceso de volverte pleno también ayuda a atraer la clase de pareja que conducirá a una relación plena. Esta vez es tu oportunidad para lograr conocerte mejor y amarte más profundamente. Sentirse incómodo en tu propia piel es como tener puesto demasiado tiempo un traje de baño mojado. Sentirte inseguro sobre tus opiniones y no saber qué decisiones tomar es como tener arena en ese traje de baño mojado. Al igual que el traje de baño mojado y con arena, las inseguridades y la incomodidad pueden sacarse y limpiarse.

La mayoría de la gente pasa gran parte de su vida sin que les guste la persona que ven en el espejo, lo cual es problemático porque la relación más larga y duradera que tendrás jamás es la que tienes contigo mismo. La conclusión es que la felicidad viene de adentro, no de alguien más o algún otro lugar. Esto puede sonar como una redundancia, pero tal y como dijo el Kabbalista Rav Moshé Jayim Luzzatto: "Las mayores enseñanzas no son las que todavía no hemos aprendido, sino practicar las que ya sabemos".

Capítulo cuatro

# Amor y cambios pequeños

**"Durante los últimos treinta y tres años, me he mirado en el espejo cada mañana y me he preguntado: 'Si hoy fuera el último día de mi vida, ¿desearía hacer lo que estoy a punto de hacer hoy?'. Y cada vez que la respuesta ha sido 'no' por demasiados días seguidos, sé que necesito cambiar algo". —Steve Jobs**[12]

· · · · · · · ·

Quiero compartir contigo la historia de Peter y Sara. Aunque Sara se casó con un hombre maravilloso, se encontraba insatisfecha. A lo largo de sus nueve años de unión, ella cada vez menos podía ver lo bueno en Peter, en tanto que se enfocaba demasiado en las cosas de él que la enojaban. Para esa altura, la lista era muy larga, e incluía la manera como él comía, sus hábitos desaliñados y hasta la forma en que se cepillaba los dientes; bueno, cuando lo hacía. Entre las principales cosas en su lista de molestias estaba la manera en que él se lavaba las manos, salpicando agua por todo el mueble del baño. ¡Parecía que un pato había estado chapoteando en el lavabo! Cuando ella se inclinaba sobre el lavabo para aplicarse delineador de ojos, se empapaba la blusa. Peter no era la única fuente de insatisfacción de Sara. Se sentía deprimida y decepcionada en general con una vida que no parecía incluir emoción ni pasión alguna. Pero su matrimonio siguió siendo el principal problema. Cuando las cosas llegaban a su límite, Sara confrontaba a Peter con las muchas cosas que él debía cambiar para hacer que su matrimonio funcionara. La única vez que ella se sentía mal por su letanía de quejas era cuando se intensificaban los síntomas de la enfermedad de Crohn que Peter padecía de forma crónica.

Entonces un día, tras un procedimiento quirúrgico para aliviar sus síntomas, Peter murió inesperadamente. Sara se quedó sola con su lista de quejas y mucho tiempo para pensar acerca de todo lo que la había molestado. Desde su nueva perspectiva, con la súbita ausencia de Peter de su vida para siempre, Sara vio que ninguna de sus quejas era genuinamente significativa. Se dio cuenta de que el matrimonio no consiste en las necesidades de ella o en las necesidades de ambos, ni siquiera en cuán bien se comunicaban sus necesidades; se trata de amar y ser amado. El matrimonio consiste en amar a otra persona y recibir amor en retorno.

Los kabbalistas creen que el universo nos refleja nuestras vidas. Nuestra primera reacción es pensar que la falta es de la otra persona. La Kabbalah nos enseña que cuando tenemos una aversión fuerte a una cualidad que vemos en otra persona —trátese de egoísmo, falta de sinceridad o autoritarismo— nos están dando una clara pista acerca de dónde debemos enfocar nuestra atención para estimular *nuestro* crecimiento. En términos simples, lo que no nos gusta en los demás es lo que debemos cambiar en nosotros mismos. Si encuentras a alguien egoísta, evalúate para ver cómo puedes ser más altruista. Si ves falta de sinceridad, evalúa tu sinceridad. A menudo tenemos la creencia equivocada de que si nuestra pareja pudiera cambiar, nuestra relación sería mejor. Te desafío a que reevalúes tus creencias: repiénsalas.

A veces sentirás que tu pareja debe estar tratando deliberadamente de sacarte de quicio; después de todo, ¡nadie te ha hecho sentir tan frustrado o enojado! Pero en realidad la frustración es una señal, un letrero luminoso que te indica lo que más necesitas cambiar, y esta aparece incluso en las relaciones más saludables. Lo que más te molesta de tu pareja tiene poco o nada que ver con esa persona. En lugar de ello, tiene todo que ver con cómo te sientes contigo mismo. Piensa en tu pareja y concéntrate en algo que te moleste de ella. Ahora pregúntate: ¿Dónde yo también soy así? ¿Cuándo me comporto de esta manera? Si ves a tu pareja como un regañón, con actitud defensiva o poco cooperativo, pregúntate si es posible que tú pudieras estar trayendo esa cualidad a tu relación.

La verdad es que lo que más nos molesta acerca de nuestra pareja tiene todo que ver con cómo nos sentimos con nosotros mismos. Esa persona ideal que has intentado tanto encontrar o en la que has tratado de convertir a tu pareja simplemente no existe. Así que no gastes tu vida buscando un unicornio. En lugar de eso, vuélvete la mejor versión de ti mismo que puedas ser.

## Esto me trae a un principio central: Si alguien tiene que cambiar, soy yo.

Nuestra tarea no es cambiar a otras personas (e, igual, hacerlo tampoco tendría sentido). El cambio que necesitamos ver se encuentra en nuestro interior. Una vez que hayas hecho este cambio en tu conciencia, descubrirás que todas esas pequeñeces que te molestaban tanto de pronto ya no te afectan.

### PRINCIPIO KABBALÍSTICO:

El potencial de una persona se revela en sus actos.

· · · · · · · ·

Ahora la pregunta es: qué clase de persona quieres ser y cómo puedes usar tu relación como un espejo para ayudarte.

Todos queremos hacer cambios para mejorar la calidad de nuestras relaciones y expandir la amplitud de nuestras experiencias. Cualquier cambio que deseemos ver en nuestra vida comienza con un cambio que hagamos en nuestro interior. Sabiendo esto, fijamos la meta, visualizamos lo que deseamos y desarrollamos un entendimiento claro de los pasos necesarios para alcanzar nuestras metas. Y luego nada. ¿Por qué no?

Entendiste por qué deseas este cambio. Hiciste la lista de tareas por hacer. Lo único que se interpone entre tu experiencia deseada y tú eres tú mismo, junto con tu aversión inherente al cambio, por supuesto.

Estoy segura de que estás pensando: "¡Un momento! ¡Yo no odio el cambio! *Quiero* que las cosas en mi relación mejoren". Una cosa es desear un cambio y otra *ir tras* él. Como todo en la vida, el cambio empieza con un pensamiento, una creencia o una idea. Empieza con un cambio de tu perspectiva.

# Empieza con cambiar cómo te sientes acerca del cambio

### Momento para repensar

¿Qué deseas cambiar?

- **Encontrar el amor o renovarlo**
- **Seguir una nueva carrera**
- **Obtener un ascenso**
- **Perder peso**
- **Comenzar una familia**
- **Escribir un libro**
- **Obtener una licenciatura**
- **Empezar una rutina de ejercicios**
- **Estar en mejor contacto con tus amistades**
- **Dejar de fumar**

Todos estos objetivos nobles son alcanzables, y todos ellos empiezan con cambiar tu conciencia y luego alinear esa nueva perspectiva con nuevas acciones. El Kabbalista Rav Berg, mi suegro, fue citado diciendo: "La Kabbalah no es fácil, pero es simple". Esto se aplica perfectamente al cambio. Es increíblemente simple y aun así difícil de implementar. Pero ¿por qué?

# Nuevo = Malo

La aversión al cambio está profundamente arraigada en la naturaleza humana. En 2010, un estudio realizado en la Universidad de Arkansas descubrió que la gente prefería considerablemente los objetos viejos o conductas establecidas a los nuevos.[13] En una prueba ciega de sabor, a un grupo le dijeron que el chocolate que estaban a punto de probar había sido producido por tres años, en tanto que al otro grupo se le dijo que el chocolate había sido producido durante setenta y tres años. El segundo grupo consideró a su chocolate considerablemente mejor que el grupo que pensaba que el chocolate era una receta reciente, aunque el chocolate era exactamente el mismo. Tenemos un sistema de calificación incorporado que dice que lo nuevo (el cambio) = malo. Esta es una de las razones por las que la gente permanece en matrimonios infelices por tanto tiempo. Puede ser insatisfactorio y hasta doloroso, pero es conocido y eso es reconfortante. Algo nuevo usualmente es incómodo al principio.

# ¿Qué sucede si el cambio conduce a una situación peor?

Otra razón por la que la gente no hace cambios es el temor de que puedan terminar peor. Más vale malo conocido que bueno por conocer, como dice el refrán. Conozco a una pareja con sobrepeso que se describen a sí mismos como felices en su matrimonio. Sin embargo, varias veces al año, él decide seguir una dieta. Al principio está bastante motivado y disciplinado, pero en cuanto comienza a ver resultados, su esposa se pone difícil. No sé cuán conscientes están de la causa y el efecto, pero ver a su marido empezar a cambiar incomoda mucho a la esposa. Como resultado, ella comienza a actuar de formas que no son típicas en su carácter. Esta tensión en su relación es el catalizador para que él abandone su dieta, y a medida que los kilos extras regresan, su relación regresa al *statu quo*.

Este caso no es nada inusual. Muchos de nosotros evitamos hacer cambios que deseamos profundamente porque esos cambios podrían alterar el delicado equilibrio de nuestras relaciones. El cambio es incómodo, no solo para la persona que comienza una nueva conducta, sino también para aquellos cercanos a ella. La gente no quiere realmente que su pareja cambie, por muchas razones diferentes. Algunos se vuelven resentidos y celosos, y les preocupa que ya no puedan tener un papel central en la vida de su pareja. Otros creen que el cambio afectará a su pareja de alguna forma fundamental que pudiera desagradarles. En esencia, no solamente le tenemos miedo a la incomodidad del cambio en sí, sino también al efecto que pueda tener en aquellos que amamos. ¡Es temor en dos niveles!

## Poco a poco

"Es curioso cómo las cosas cambian lentamente hasta el día en que nos damos cuenta que han cambiado completamente". —Nancy Gibbs[14]

El cambio no es algo que deba ser abrumador si buscas activamente el cambio de maneras pequeñas cada día. Esto me lleva a la idea de las aletas compensadoras, inventadas por el filósofo e ingeniero Buckminster Fuller.[15] Las aletas compensadoras son los pequeños timones en los timones más grandes en barcos o aviones de pasajeros. Fuller entendió que si unas naves tan grandes fueran a cambiar de dirección súbitamente, la presión sobre un solo timón podría causar que este se rompa. Así que se le ocurrieron las aletas compensadoras como una solución. "Tan solo mover las aletas pequeñas genera una presión baja que hace girar ese timón" dijo Fuller. "Casi no se necesita esfuerzo en absoluto". Ahora incluso una aeronave gigante podía cambiar de dirección con una serie de ajustes pequeños. Parafraseando a Fuller, no tenemos que hacer cambios enormes; solo un cambio pequeño tras otro, lo cual a la larga constituye un gran cambio.

El esposo en una pareja que yo aconsejé, tenía algunas ideas particulares acerca de cómo debía expresarse el amor. En una conversación, declaró: "La única razón por la que hemos sido tan felices últimamente es porque he dejado pasar las cosas". Pero hay un asunto que él no podía dejar pasar. Él cree que cocinar es la manera como su esposa debe demostrar su amor por él. Más que eso, para ella debe ser también una fuente de gran satisfacción, felicidad y realización hacerlo. Así que en esta cosmovisión, una sopa mal cocinada es prueba de que el amor que ella siente por él es insuficiente. De más está decir que él se está predisponiendo para la infelicidad. ¡Las sopas mal cocidas ocurren! Y yo no soy partidaria de que esto se relacione con alguna falta de amor.

Al aplicar una simple aleta compensadora en este escenario, sugerí que en vez de rezongar en la otra habitación mientras ella volvía a calentar la sopa, él podía haberse sentado en la cocina y charlar con ella. Él podía haber usado ese tiempo para reconectarse con ella después de un largo día. El cambio que lo animé a hacer era reconocer los esfuerzos de ella; no enfocarse en lo que podía haber fallado en la cocina, sino en las cosas que salían bien, y en el tiempo y cuidado que ella pone en el menú, las compras y la preparación. El amor estaba en el esfuerzo, no en el resultado.

Gandhi lo expresó de esta manera: "Como seres humanos, nuestra grandeza no radica tanto en poder rehacer el mundo, sino en poder rehacernos a nosotros mismos".[16]

## Tres herramientas para crear el cambio

### 1. Cambia tu punto de vista

Tu punto de vista determina tu realidad. Tu conciencia invita situaciones, experiencias y personas a tu vida. La voz en tu cabeza rige tu punto de vista. Si somos sinceros, podemos admitir que casi siempre esa voz se enfoca no solamente en señalar nuestros defectos y errores, sino los de otras personas.

Tu punto de vista siempre es cuestión de decisión. Tal y como lo expresó el Baal Shem Tov, el gran sabio del siglo XVIII: "Pensamos que estamos tristes porque las cosas no salen bien, cuando en realidad las cosas no salen bien porque estamos tristes".

Jeanne Calment fue un testimonio vivo de esta idea. Ella vivió de 1875 a 1997. Jeanne Calment era una activa jugadora de tenis y nadadora, y empezó a practicar esgrima a los 85 años y anduvo en su bicicleta hasta que tenía 100 años. También tenía el perjudicial hábito de fumar, lo cual hizo hasta que tenía 117 años. Murió a los 122 años de edad y atribuía a su longevidad al aceite de oliva, vino de Oporto y un kilo de chocolate a la semana.[17] Las investigaciones acerca de centenarios robustos demuestran que los buenos hábitos y la genética ciertamente contribuyen a su bienestar, pero una actitud positiva ante la vida está entre las principales cualidades que comparten.[18]

Tiene sentido decir que un pensamiento (negativo o positivo), un sentimiento (feliz o triste) o un punto de vista (pesimista u optimista) se corresponderá con lo que nos sucede. De manera similar, lo que nos sucede se corresponde con nuestro punto de vista. Así también, tu punto de vista determina la clase de relación que vas a tener. Tu punto de vista es una guía para la conducta y crea expectativas para tu relación. La manera en que piensas acerca de tu vida, de hecho, cambia cómo vives tu vida. La manera en que piensas acerca de tu relación cambia cómo te expresas en la relación. Lo que piensas que mereces afecta aquello que llegará a ti.

## 2. Sé específico

- Voy a comenzar a entrenar de nuevo.
- Voy a ser una pareja más atenta.
- Voy a divertirme más con mis hijos.

¡Fantástico! Pero ahora sé específico. Si deseas empezar a entrenar de nuevo, ¿qué tal hacerlo hoy? ¿Y a qué hora? Ningún cambio ocurre sin invertir el tiempo y la energía necesarios para enfocarse en los detalles.

Para ser una pareja más atenta, comprométete a apagar tu teléfono por dos horas cada noche para permitir que surjan conversaciones significativas con tu pareja. Habla con tus hijos acerca de lo que más disfrutan, y programa una actividad cuando sepas que estarás completamente presente. Objetivos ambiguos usualmente conducen a resultados ambiguos. Las metas específicas se vuelven alcanzables.

**3. El compromiso con un desafío de cambio de 40 días**

El número 40 tiene un significado espiritual especial en la Kabbalah. La fuente más importante de la sabiduría kabbalística, el Zóhar, explica que toma cuarenta días formar un hábito o cambiar un patrón. Por ejemplo, si una persona nace con una naturaleza obstinada hace lo opuesto de lo que le nace hacer naturalmente por cuarenta días, recalibrará su tendencia natural. Parte de nuestro trabajo en esta vida es cambiar nuestra naturaleza, de modo que si nos comprometemos con este proceso, el Creador nos ayudará para alcanzar la meta. En cuarenta días (560 horas) puedes cambiar cualquier cosa que elijas. Un hábito se vuelve la fuerza que te gobierna. Comprométete a realizar al menos una acción en pos de lo que sea que desees durante cuarenta días consecutivos. Le planteé este desafío al esposo para quien la sopa mal cocinada era tan importante. Él decidió que por cuarenta días no diría nada negativo acerca de la forma de cocinar de su esposa. Ofrecería cumplidos o nada en absoluto. Para su mérito, sostuvo el desafío durante los cuarenta días, y me alegra reportar que su relación se transformó. En un cambio drástico, el aprecio emergió como una fuerza primaria en la dinámica diaria entre marido y mujer.

## Aquello que buscas es lo que vas a encontrar.

Al entrenarse a buscar lo bueno en la cocina, él también lo encontró en otros aspectos de su vida. Esto creó un cambio significativo en la relación de ambos.

Como hemos visto, el cambio sucede. No hay nada que puedas hacer para *evitar* que suceda.

¿Estás buscando activamente el cambio o estás esperando que llegue por sí solo? Debes ser un participante activo. Acepta el desafío de los cuarenta días. Y no caigas en la trampa de confundir las palabras con la acción. Si deseas ser una pareja más solidaria, imagina cómo se transformará tu relación si durante cuarenta días te dedicas diariamente a realizar acciones de apoyo y bondad. Como dice la frase: "El cambio ocurre cuando el dolor de permanecer igual es mayor que el dolor de cambiar". Pero ¿por qué esperar todo ese tiempo? Ahórrate un montón de infelicidad y haz el cambio ahora.

Capítulo cinco

# Tikún: tu equipaje personal

Vivimos en una sociedad desechable. En el mundo de hoy hay muchas soluciones rápidas. Si algo se rompe, simplemente reemplázalo. ¿No te gusta tu nariz? No te preocupes, ¡podemos arreglarla! Aunque puedes aplicar este método a muchos aspectos de tu vida, sería insensato emplearlo en asuntos del corazón. Cuando se trata de lidiar con las emociones humanas, no hay arreglos rápidos. A veces personas que han estado en una relación insatisfactoria por largo tiempo se frustran tanto que deciden que la única solución es empezar de nuevo con alguien más. Antes de que des un paso tan drástico como ese, recuerda que tu equipaje viene junto con el viaje; no hay posibilidad de dejarlo atrás. Vas a seguir atrayendo a la misma clase de pareja hasta que superes algo que los kabbalistas llaman tu *tikún*.

*Tikún* se traduce como "corrección" o "reparación". Todos cargamos un bagaje que ha sido creado no solamente en esta vida, sino también en vidas anteriores. Yo soy pragmática, una pensadora lineal y soy conocida como la sensata entre mis compañeros. Y sin embargo estoy de acuerdo con los kabbalistas, quienes creen que nuestras experiencias afectan a nuestras almas vida tras vida, y que cualquier cosa que hayamos hecho en encarnaciones pasadas nos afecta en las encarnaciones futuras. Cada vez que hacemos algo negativo, creamos energía negativa que, en algún momento, regresará a nuestra vida; ya sea en esta encarnación o en la siguiente. Los kabbalistas llaman a esto la ley de causa y efecto, que es similar a uno de los principios básicos de la física newtoniana, el cual establece que para cada acción hay una reacción igual y opuesta. "La ley del *tikún* decreta que para cada acción debe haber una reacción igual y correspondiente, de modo que a la larga todos recibimos exactamente lo que hemos 'pedido'", dijo Rav Berg.[19]

Cada alma que viene a este mundo tiene una tarea que hacer, la cual es el trabajo espiritual de corregir una característica o un rasgo particular; esta reparación es el principal papel del *tikún*. El *tikún* puede ser útil para entender nuestro propósito en el contexto más amplio de lo que nuestras almas se están esforzando en llevar a cabo durante muchas vidas. Aunque la vida se siente fortuita a veces, tú y yo no aparecimos en este mundo por casualidad; escogimos nuestra encarnación presente como un vehículo para completar nuestro *tikún*. Quiénes somos y dónde estamos es nuestra responsabilidad. Esto significa que solo tú eres la causa de ser la persona que eres. No has llegado a través de un proceso de selección aleatoria.

En el proceso de *tikún* no hay tal cosa como castigo. No podemos escapar al efecto de acciones pasadas, pero podemos cambiar la severidad del impacto en función de lo que hacemos ahora, viendo los desafíos como oportunidades y usándolos para transformarnos y crecer. Reconocer nuestro tikún personal puede estimularnos para tomar mejores decisiones en nuestras relaciones.

El *tikún* aparece en muchas formas, únicas para cada individuo. Tus desafíos son los que te traen tu oportunidad para la transformación. El proceso de descubrir tu *tikún* a veces es doloroso, pero en realidad estas situaciones son invitaciones para trabajar en las áreas que más necesitamos abordar.

Las relaciones son la mejor manera de identificar y trabajar en nuestro *tikún*, porque sirven como espejo de lo que somos. De acuerdo con la Kabbalah, el matrimonio es una oportunidad ideal para que dos individuos superen su *tikún* y avancen espiritualmente. Como dijo Rav Berg: "Ningún matrimonio es producto de la casualidad, y ninguno comenzó con un marcador en blanco. Cada matrimonio es un episodio en una serie de historias que empezaron mucho tiempo atrás, en vidas anteriores". Por ejemplo, si tu *tikún* consiste en el compromiso, puedes escoger subconscientemente parejas no disponibles una y otra vez porque temes lo que significaría estar en una relación a largo plazo. Encontrar a alguien que esté disponible y comprometerse con ella o él te ayudaría enormemente en tu transformación… por no mencionar la felicidad que esto podría crear en tu vida.

Tu *tikún* no consiste en el esposo que te engañó, tu amigo que te traicionó o tu hijo que agota tu paciencia. Independientemente de quién o qué consideres como la causa de tus desafíos, la oportunidad está allí para enseñarte y volverte la persona que estás destinado a ser.

La respuesta natural cuando alguien te hiere, especialmente tu pareja, es arremeter. La respuesta kabbalística es entender que esto es parte de tu *tikún*. Vivir este momento de esta manera es un paso necesario en tu evolución, lo que significa que es parte de un marco espiritual creado para ayudarte, no para castigarte. En este sentido, cada situación que te desafía o te causa incomodidad contiene un regalo.

Trabajé recientemente con una estudiante en su *tikún* en lo que se relacionaba con su matrimonio. Inicialmente, pensábamos que el *tikún* de Ava estaba conectado a evitar la confrontación y no desear herir los sentimientos de su esposo. Una renuencia a abogar por ella misma era indudablemente parte del *tikún* de Ava, el cual se había manifestado en muchas de sus relaciones personales y profesionales. Ha estado casada por veinte años, y aunque estaba insatisfecha por largo tiempo, se quedó porque la familia significaba todo para Ava. Cuando finalmente habló con su esposo acerca de su insatisfacción con el matrimonio, él la ignoró.

Finalmente, el asunto de si debía dejar o no a su esposo, pasó a ser secundario, porque se dio cuenta de que el matrimonio le estaba dando una oportunidad para corregir su *tikún*. Después de mucha introspección, ella se dio cuenta de que no hablaba por su profundo miedo de morir sola; un miedo que no solo se origina de esta vida, sino de vidas pasadas. Identificar su *tikún* ayudó a Ava a avanzar en su matrimonio. Se dio cuenta de que a pesar de todas las fallas de él, su esposo la amaba incondicionalmente y nunca la abandonaría. Ahora se sentía más libre para confrontarlo sobre las cosas que la irritaban. Cuando habló, aunque fue difícil al principio, Ava se sintió alentada cuando su esposo con el tiempo empezó a responder positivamente.

Descubrir nuestro *tikún* ayuda a poner en perspectiva aquello que sucede en nuestras vidas y nuestras relaciones. Si no estamos conscientes de la importancia del *tikún* en las relaciones, entonces cuando algo no marche bien podemos caer muy fácilmente en la mentalidad de: "Esto simplemente no está funcionando". Saber que estamos aquí para trabajar en un asunto en particular y que no podemos huir de este porque seguirá apareciendo vida tras vida hasta que sea enfrentado, nos mantiene conscientes del panorama completo.

## Superar tu tikún

¿Cómo superamos efectivamente nuestro *tikún*? Esto puede sonar intimidante, en especial porque el *tikún* se relaciona directamente con aquellas áreas de nuestra vida que son más dolorosas. Para la persona cuyo *tikún* gira en torno al compromiso, hacer un compromiso va a ponerla cara a cara con una gran responsabilidad que al principio parecerá forzada. Para la persona cuyo *tikún* está en el área de la confrontación, encarar su *tikún* va a traer temor y preocupación.

Cuando tienes una reacción inusualmente intensa frente a una situación particular o notas un patrón de conducta contraproducente (como tener citas constantemente con un tipo de persona en específico a pesar de saber que no te conviene), reconoce que es tu *tikún* haciendo sentir su presencia. Y recuerda que está aquí para ayudarte al señalar dónde necesitas concentrar tu atención. Este es el primer paso. Tener conciencia de tu *tikún* te permite decirte: "No soy feliz con lo que sucedió, pero sé que es lo que necesito". Al hacer el cambio en tu perspectiva, ya has empezado el proceso de trabajar en tu *tikún*.

El segundo paso es llegar a amar esta oportunidad. Una vez que has llegado al nivel profundo de ver un desafío como una oportunidad, puedes trabajar en frenar tu reacción impulsiva. Has oído el adagio sobre dar la otra mejilla. Si una persona te golpea, en ese momento de dolor, ira, vergüenza y daño, el consejo de un kabbalista sería dejar ir esas emociones. Al hacerlo, las cosas negativas que podrías haber hecho a otros serán eliminadas de ti también.

Si esto te parece un poco exagerado, considéralo de otra manera. Asumamos por un momento que tu *tikún* se centra en torno al rechazo. Para abordarlo, debes confrontar los sentimientos que surgen al ser rechazado.

Imagina que le pediste a alguien salir en una cita y te rechazaron. Entonces podrías sentirte indigno, decepcionado y rechazado.

La mente inconsciente/del ego reaccionará de una de dos maneras:

- "¡Esa persona es terrible y la odio!".

- "No valgo nada. Debería rendirme".

Con el tiempo te volverás más hábil en separar tus sentimientos de la situación. Puede que nunca llegues a amar el sentimiento de ser rechazado, pero comenzarás a ver que los sentimientos que surgen no se reflejan negativamente en quién eres. Hay un gran consuelo en ello. Son simplemente remanentes de tu *tikún* pidiéndote que los recibas con conciencia para que puedan ser reparados y liberados.

### PRINCIPIO KABBALÍSTICO:

Cuando estás abierto al panorama completo, descubres que el proceso es el propósito. (Todo es para bien aunque no sea aparente en el momento).

........

# El proceso es el propósito

Muy a menudo, la gente abandona demasiado rápido sus relaciones cuando encara su *tikún*. Piénsalo. ¿Qué sucedería si algunos de los mejores libros, biografías o películas terminaran en medio de una dificultad? ¿Nos sentiríamos inspirados? Por supuesto que no. Cuando hemos invertido mucha energía y esfuerzo en una relación, es ilógico no mantener el esfuerzo hasta pasar la prueba. No necesariamente significa que tengas que quedarte, sino que debes terminar el proceso.

En la primera relación que leemos en la Biblia, Eva es creada para Adán, y la Biblia dice: "Le haré una compañera, que lo complemente". Desde el principio mismo, nuestra pareja fue destinada a apoyarnos, pero, más importante aún, a desafiarnos, impulsarnos a crecer y oponerse a nosotros. En una relación saludable, señalas las cosas por el beneficio del otro, aunque pueda no ser lo que la otra persona desea oír. Así es como se mantienen creciendo juntos. Cuando encuentras oposición, en vez de apresurarte a concluir que escogiste la pareja equivocada y mereces algo mejor, acepta el proceso. Recuerda que no hay accidentes en la vida, aprecia que tu pareja es el vehículo perfecto para tu corrección. Se nos da exactamente la pareja que necesitamos para ayudarnos a crecer y superar nuestro tikún. Cuánto tiempo llevará depende de nosotros.

El hecho de que tu pareja, o cualquier persona si vamos al caso, te provoque es una señal de que es una oportunidad para que cambies un aspecto de ti mismo. El cambio es desencadenado por la incomodidad. Si estás intranquilo día tras día. Si andas con el mismo pensamiento negativo, emoción negativa o descontento, esto es una indicación de algo que hay que cambiar. Con este entendimiento, será más fácil reconocer el desencadenante porque es una perturbación que ocurre una y otra vez.

Los kabbalistas han enseñado desde hace mucho que debemos dejar este mundo como un lugar mejor de lo que era cuando llegamos a él. Esto se puede lograr al ser más bondadosos, atentos, altruistas y generosos, tanto en palabras como en hechos. Aun cuando consideramos a los gigantes espirituales, ellos no comenzaron como los líderes inspiradores que llegaron a ser. Mediante su interminable preocupación por los demás, su consideración y su profunda compasión, se transformaron en faros de inspiración para el mundo. Para llegar a estas alturas y conectarnos de una manera significativa con aquellos a nuestro alrededor, tenemos que estar genuinamente abiertos y receptivos a cualquiera que señale algún área de nuestra conducta que necesita mejorar.

Piensa en tu *tikún* como espinaca en tus dientes. Cuando te das cuenta de que has pasado todo el día con un pedazo de espinaca atorado en los dientes, te preguntas: "¡¿Por qué nadie me lo dijo?!". Si alguien te lo hubiera dicho, estarías agradecida porque podrías haber hecho algo al respecto. El *tikún* funciona de la misma manera. Alguien que se esfuerza por encontrar su potencial encuentra una manera de aceptar la crítica constructiva de la persona más cercana a él, su pareja, y usar esta retroalimentación, aunque sea dolorosa, para convertirse en la mejor versión de sí mismo que pueda ser.

Capítulo seis

# Los pensamientos crean la realidad

## PRINCIPIO KABBALÍSTICO:

La conducta nace de nuestra conciencia; somos la suma de nuestros pensamientos.

· · · · · · · ·

Todo lo que manifestamos comienza con un pensamiento. Lo que dirige nuestros pensamientos es el deseo de nuestro ego o el deseo de nuestra alma. Pero recapitulemos un poco. ¿Qué es el alma? Kabbalísticamente, el alma es potencial. Así como una pequeña semilla guarda el potencial gigantesco de un roble, nuestra alma también tiene un gran potencial. Es nuestra responsabilidad desarrollar el alma durante su viaje a lo largo de esta vida. Así que ¿cómo lo hacemos?

Tenemos que imaginarnos como una masa de arcilla, llenos de un potencial no alcanzado y la capacidad de moldearnos en lo que deseemos ser. Una masa de arcilla no se manifiesta en algo hasta que un escultor le da forma. Nuestras acciones, palabras y pensamientos esculpen la energía de nuestro deseo, dándole forma y dimensión en nuestra realidad. Por ejemplo, cuando la gente rumia negativamente acerca de sus relaciones y cuán insoportables son sus parejas, esos pensamientos están dando forma a su realidad. Esas son las semillas que se siembran. Aunque pareciera que esto solamente influye en tu crecimiento individual, también afecta tus relaciones. Cada acción, palabra y pensamiento revela un parte de tu alma.

Cuando hablo positivamente acerca de mi pareja, tomo Luz no manifestada de mi alma y la revelo en una forma positiva. Creo felicidad y alegría para él y para mí. Por el contrario, si hablo mal acerca de mi pareja, aún habré revelado parte de mi alma, pero esta vez he creado discordia y negatividad para mi pareja y para mí. Debido a que el alma es potencial, cada palabra manifiesta una parte de ese potencial, y las partes de tu alma que manifiestas son en lo que te transformarás. Si elijo conectarme con la oscuridad, entonces eso es lo que percibiré. Si elijo conectarme con la Luz, eso es lo que continuaré creando.

El Arí, un gran maestro de la Kabbalah, describió que el alma tenía cuatro niveles.

El más bajo es llamado *Néfesh* ("ser viviente"). *Néfesh* es la fuerza que nos permite actuar. Cada vez que nos movemos, estamos tomando una chispa de *Néfesh* y revelándola en este mundo a través de esa acción. Digamos que entras en la sala de tu casa y ves un plato vacío, sucio. Tienes la opción de dejarlo o llevarlo a la cocina. Con el tiempo, estas pequeñas decisiones se acumulan e influyen no solamente en tu alma, sino en la calidad de tu relación.

El segundo nivel del alma es llamado *Rúaj* ("espíritu"). Esta fuerza hace posible el habla y presta su poder a las palabras. Cuando hablamos positiva o negativamente, tomamos Luz de este segundo nivel de nuestra alma y lo revelamos en consecuencia. En el calor del momento, puede ser demasiado fácil decir cosas de las que nos arrepentiremos. Cualquier palabra que usemos contra nuestra pareja cuando estamos enojados daña no solo nuestras relaciones, sino también nuestras almas.

El tercer nivel es llamado *Neshamá* ("alma"), que se refiere a nuestros pensamientos cotidianos menos complejos. Cada vez que pensamos, tomamos una chispa del nivel de Neshamá y la manifestamos en el mundo. De la misma forma en que debemos entrenarnos para cuidar nuestras acciones y palabras, debemos tener mucho cuidado con lo que pensamos.

El cuarto nivel del alma es *Jayá* ("vida") que es un nivel más elevado del pensamiento, la fuente de los pensamientos contemplativos, pensamientos meditativos, mantras, pensamiento crítico, y todas las formas en las que usamos nuestra mente para aprender y descubrir.

Cada pensamiento tiene un precursor. En el *Séfer Yetsirá* ("Libro de la Formación") Abraham escribe que antes de cada pensamiento hay un hirhur, un prepensamiento, una especie de pensamiento fugaz no solicitado que cruza tu mente de forma espontánea, a diferencia de los pensamientos más profundos en los que invertimos tiempo y energía en cultivar. Si quedan al descuido, los prepensamientos tienden a desviarse a lo negativo.

- *"Me siento gorda"*.
- *"Detesto a esa persona"*.
- *"Nunca obtengo lo que deseo"*.
- *"Me siento muy avergonzada"*.
- *"¿Cómo pudo hacerme eso?"*.
- *"¿Por qué está pasando esto?"*.
- *"¡No merezco esto!"*.

También dirigimos estos pensamientos espontáneos a otras personas en forma de juicios.

- *"¡Su casa es una pocilga!"*.
- *"Le encanta el sonido de su propia voz"*.
- *"No soporto la manera en la que habla con la gente"*.

Los prepensamientos parecen inofensivos al principio. La mayoría de nosotros puede desecharlos rápidamente y realinear nuestra mente. Pero cuando un pensamiento recurre con alta frecuencia, tiene una manera insidiosa de volverse parte de quienes somos, conduciendo a pensamientos como impotencia, tristeza o inseguridad.

Imagina que un hombre casado que tiene pensamientos fugaces de atracción por otras mujeres. Esto puede parecer bastante inofensivo, pero con el tiempo él puede sentirse más cómodo con estos pensamientos y encontrarse coqueteando activamente con otras mujeres. ¿Y qué problema hay con eso? Él está comprometido con su mujer y coquetear es inofensivo. Pero ¿de verdad lo es? Coquetear seguramente abrirá la puerta a un diluvio de otros pensamientos fugaces de tentación, ¿y qué pasa cuando se encuentra cómodo con ellos? Mientras más tiempo pasas pensando en algo, más estás invirtiendo en ello. ¡Los pensamientos son astutos!

## Conociendo al desconocido

Michelle padecía de migrañas debilitadoras, especialmente los viernes después del trabajo. Vivió con esto mucho tiempo, hasta que se volvió demasiado difícil; su cuerpo le estaba creando una situación tan dolorosa que terminaba pasando todo el fin de semana en la cama. La pregunta era: ¿por qué? Los kabbalistas nos enseñan que no hay separación entre el cuerpo y la mente. Según Rav Berg, un malestar (o "mal-estar") demuestra una falta de armonía entre el alma y el cuerpo. Si continuamente, día tras día, año tras año, no logramos reconocer nuestro verdadero ser, nuestros deseos y necesidades básicas, entonces con el tiempo esa carencia se manifiesta en el cuerpo.

Michelle, a través de un proceso de análisis y autorreflexión, se dio cuenta de que, debido a que ella no estaba satisfecha con su relación, lo manifestaba en dolores de cabeza los viernes, el comienzo del fin de semana, cuando ella y su novio pasaban la mayor cantidad de tiempo juntos. Aunque ella no se sentía satisfecha en la relación, creía que debía estar agradecida por tener un novio, cuando muchas personas buscaban uno y no podían encontrar el amor. Ella sostenía la creencia de que "yo realmente no merezco ser feliz, así que no merezco una relación mejor".

Michelle tenía una madre muy controladora que siempre le decía que tendría suerte si llegara a encontrar a un hombre que se interesara en ella. El padre de Michelle se había ido cuando ella nació.

Michelle reconoció que la voz en su cabeza hablaba por su madre acerca de ideas que Michelle había sido demasiado joven para cuestionar cuando las oyó por primera vez. A Michelle se le ocurrió un plan y empezó a bajar el volumen. Con el tiempo, otra voz emergió, la voz de su verdadera esencia que pedía felicidad y amor. Cuando Michelle oía esa voz, la recibía con entusiasmo y aceptación. De este modo, fue capaz de cambiar sus pensamientos y salir de la relación insatisfactoria para buscar a alguien más adecuado para ella. Otro beneficio: sus debilitantes dolores de cabeza desaparecieron.

Cuando tenemos más de una voz interna que nos habla, ¿cómo sabemos a cuáles pensamientos atender? Sigue a la amable, la voz cuyo mensaje te hace sentir comprendido y apreciado. Mientras más te identifiques con la voz amorosa, más fácilmente podrás reconocerla cuando surja. La voz negativa respalda las cosas más horribles que crees acerca de ti mismo. Tu voz crítica es un sistema de creencias que aceptaste en algún punto en tu vida que no funciona para ti. Nunca te funcionó, y puedes detenerlo ahora.

# ¡Detenlo!

Hay un *sketch* gracioso de *MADtv* en el cual Bob Newhart hace el papel de un psiquiatra. Una mujer entra en su oficina y se queja de estar plagada por pensamientos negativos. El psiquiatra explica su tarifa: cinco dólares por los primeros cinco minutos, y le asegura que su tratamiento no tomará más de ese tiempo. Luego se inclina hacia adelante muy serio y le dice que su problema puede ser resuelto con una palabra. Entonces grita: "¡DETENLO!".[20]

Ella, desde luego, está muy molesta por este consejo. Bob entonces le pregunta si ella desea pasar su vida entera plagada por estos pensamientos irracionales y una forma negativa de pensar. Por supuesto, ella no desea eso. "¡Pues entonces detenlo!", exclama él.

Es gracioso porque, sí, obvio, esa es la respuesta. Así de simple y, aun así, tan profundamente difícil. La mayoría de nosotros piensa que nuestros problemas nunca desaparecerán. Aunque no todos nosotros somos visitantes frecuentes del diván del terapeuta, todos tenemos pensamientos que ocasionalmente nos atormentan; sean temores irracionales, capítulos difíciles en nuestro pasado o un desafío presente.

Los estudios correlacionan nuestra actitud y nuestro bienestar emocional con la salud cardíaca, la diabetes, la hipertensión y hasta el resfriado común.[21] Pero no necesito convencerte de que quieres ser más feliz; esa es una venta fácil. Lo que todos quieren es saber cómo ser más felices, cómo deshacerse de todos esos pensamientos que impiden que seamos felices. Esa es la clave. Preocuparse por una situación no la mejora de ninguna manera.

## No es la situación la que causa infelicidad; son nuestros pensamientos y sentimientos en torno a ella.

Me encanta este dicho: ¡No te preocupes, porque es ineficiente! ¿Cómo podemos dejar de tener estos pensamientos destructivos, infelices? Tienes que gritar: "¡ALTO!". Y tienes que decirlo en serio. Algunos días en mi trabajo como orientadora de parejas, todo lo que quiero es gritar: "¡Deténganse!", pero esto no es algo que podamos hacer por alguien más. Así que veamos con más atención la dinámica de la infelicidad y cómo podemos acabar con ella.

# Así como es adentro, es afuera

Con mucha frecuencia, nosotros creamos la infelicidad. No importa de dónde provenga; lo que importa es dónde se asienta y cómo te consume a ti y a quienes te rodean. Tu empleo puede parecer tedioso. Puedes haber aceptado hacer algo y ahora lo resientes. Puedes estar albergando resentimiento por alguien cercano a ti. Esta energía negativa es dañina, no solo para ti, sino para muchas otras personas a tu alrededor.

No hay diferencia si tus pensamientos o emociones acerca de la situación están justificados o no.

Lo que sientes internamente es lo que creas externamente. Por lo tanto, creas infelicidad, estrés, paz y alegría, interna y externamente, sin importar quién o qué consideres que es la causa de esto. Tú eres responsable de cómo todo te afecta y, de este modo, de cómo tú afectas a los demás.

Así que ¿cómo nos deshacemos de los sentimientos negativos? Bob Newhart nos lleva al camino correcto. ¿Cómo dejas caer un pedazo de carbón ardiente que estás sosteniendo en la mano o una valija inútil que estás cargando? Cuando reconoces que ya no estás dispuesto a sufrir el dolor, lo sueltas.

"Así como es adentro, es afuera" es un principio que habla de cada área de nuestra vida, pero, sobre todo, de nuestra relación.

En la medida que tu vida interior empiece a cambiar, tu vida exterior hará lo mismo.

**Entonces, ¿cómo disipamos los pensamientos negativos de nuestra mente?**

>   **Paso 1. Concentra tu atención en lo que es importante.** Los kabbalistas enseñan que este mundo es llamado *Olam Hafuj*, que significa "un mundo al revés". Las cosas que son importantes para nosotros suelen resultar insignificantes y las cosas que parecen sin importancia resultan ser las más importantes. En resumen, nos enfocamos en las cosas equivocadas.
>
>   **Paso 2. No intentes reprimir tus pensamientos. Comúnmente se requieren cien o más prepensamientos para crear un pensamiento dominante.** Es probable que la ironía aquí sea evidente para cualquiera que haya estado a dieta. Cuando te reprimes en tu dieta, no haces más que pensar en la comida que no te estás permitiendo comer.

Como dice Eckhart Tolle: "Aquello con lo que combates, lo fortaleces; y aquello a lo que te resistes, persiste".[22] En vez de tratar de repeler los pensamientos negativos, reconócelos. Considera si te apoyan o te impiden avanzar. Prestar atención momentánea a un pensamiento no significa que lo aceptas como verdad, sino que te ofrece la oportunidad de descartarlo con firmeza como erróneo.

**Paso 3. Piensa en cosas positivas. Considera a la persona que amas, las cosas que te inspiran y todo por lo que estás agradecido.** No puedes combatir la negatividad ignorándola, ¡así como que no puedes hacer que un cuarto oscuro se ilumine fingiendo que no está oscuro! Pero puedes crear Luz en tu mente enfocándote en los pensamientos que te traen alegría, seguridad y paz, y afirmándolos.

**Paso 4. Identifica un pensamiento frecuente que tienes que sea un disparate total.** Ejemplos comunes incluyen: *No puedo hacerlo; No soy suficientemente bueno; Nunca consigo lo que quiero*. Quizá has considerado una situación como irremediable o has descartado una relación. Revisa tu conciencia y ábrete a ver dónde pudo haberte llevado por mal camino.

**Paso 5. Sé consciente de a quién escoges para rodearte.** El entorno es importante. Eres la compañía que te rodea. Analiza qué energía estás permitiendo que te afecte e influya, y sé consciente de qué clase de energía estás expresando al mundo. Tus pensamientos crean tu realidad; este es el poder irrefutable de la mente.

"No se puede resolver ningún problema con el mismo nivel de conciencia que lo creó". —Albert Einstein [23]

# Los pensamientos son la moneda de la existencia diaria, y tienen el poder de acumularse y aumentar en magnitud.

Louise Hay dijo: "Imagina que tus pensamientos son como gotas de agua. Cuando tienes los mismos pensamientos una y otra vez, creas un increíble cuerpo de agua; primero un charco, luego un estanque, después un lago y, finalmente, un océano. Si nuestros pensamientos son negativos, nos ahogamos en un mar de negatividad. Si nuestros pensamientos son positivos, flotamos en el océano de la vida".[24] Lo que Louise está diciendo tan poéticamente es que tus pensamientos se vuelven tus creencias y tus creencias conforman las decisiones que tomas. Esto no es para abrumarte; un pensamiento es tan solo un pensamiento, y un pensamiento se puede cambiar. En lugar de ello, es para inspirarte y hacerte entender el poder del pensamiento.

Capítulo siete

# Entender las emociones como señales

## PRINCIPIO KABBALÍSTICO:

Nuestras emociones son enormemente poderosas y pueden ayudarnos o limitarnos.

........

Nuestras emociones son fluidas; aparecen súbitamente y pueden cambiar fácilmente. Aunque podamos predecir cómo podríamos sentirnos en una circunstancia dada, en el momento, nuestras emociones son mayormente involuntarias. Por ejemplo: un hombre entra en el consultorio de un médico. Es un bello día afuera, todo va bien y él está feliz. Entonces llega el médico y dice: "Tengo malas noticias. Llegaron los resultados de sus exámenes, y tiene una enfermedad grave". ¿Qué sucede? El paciente lógicamente se angustia. Su mente se pone en blanco. Necesita tomarse el resto del día para pensar sobre su situación, resolver a quién llamar y empezar a poner sus asuntos en orden.

Luego, unas pocas horas después, el médico llama y le dice: "¡Uy! Lo lamento muchísimo, no leí bien los resultados de sus pruebas. Usted está bien". Ahora el paciente lógicamente está eufórico. Pero durante esta montaña rusa emocional, nada cambió realmente. La salud del paciente era la misma de principio a fin, pero su vida emocional atravesó un recorrido demasiado extremo.

Los psicólogos han identificado un fenómeno conocido como "heurística de la afectividad".[25] En términos muy simples, este es un atajo mental que seguimos y que nos permite tomar decisiones rápidas basadas en experiencias previas. Subconscientemente, nuestro cerebro está constantemente haciendo juicios de "me agrada" o "no me agrada" que afectan nuestras decisiones. Basarnos en ellas es el equivalente de "seguir tu instinto". Por ejemplo, si uso la frase "vacaciones en la playa", esto evoca un sentimiento de relajación; mientras que si digo "enfermedad cardíaca", probablemente esto provoque preocupación. Sin embargo, cada quien tiene una serie diferente de afectos heurísticos basada en su experiencia de vida. Como el psicólogo social Roberto Zajonk dijo: "Los sentimientos no están libres de pensamiento, y los pensamientos no están libres de sentimientos".[26]

Los neurólogos han descubierto que las personas que sufren daño cerebral en áreas específicas del cerebro experimentan una pérdida de emotividad.[27] El psicólogo social Jonathan Haidt escribe acerca de este fenómeno en su libro *La hipótesis de la felicidad*.[28] Los pacientes con este tipo de daño cerebral reportan no tener sentimientos cuando deberían, pero su lógica y razón permanecen intactos, junto con su entendimiento de las costumbres sociales. Dado que a menudo luchamos con nuestras emociones, se podría pensar que no tener ninguna podría hacernos la vida más fácil. Al igual que el señor Spock en *Viaje a las estrellas*, estos pacientes ahora podrían depender exclusivamente de la mente racional para tomar buenas decisiones. Pero se ha demostrado que este no es el caso. De hecho, el resultado era todo lo opuesto.

A las personas que no pudieron generar ningún sentimiento se les desmoronó la vida. En lugar de volverse puramente centradas en sus objetivos y con una alta concentración, se sentían incapaces de tomar hasta la decisión más simple. Sin la ayuda del afecto heurístico, estos pacientes estaban paralizados. En la ausencia de sentimiento, no tenemos deseo; y en la ausencia de deseo, no sabemos qué camino tomar. Como lo expresó el Dr. Haidt: "La racionalidad humana depende de la emocionalidad sofisticada. Es gracias a que nuestro cerebro emocional funciona muy bien que el cerebro razonador puede funcionar".[29] En términos simples, las emociones nos proporcionan un sistema de retroalimentación. Ellas informan nuestra cosmovisión e influyen en nuestros pensamientos.

Una manera de volverse más hábil con tus emociones es dedicar tiempo para entrar en contacto con ellas a lo largo del día. Puedes ir del júbilo a la frustración en un momento, y reconocer tus sentimientos puede ayudarte a entender por qué fluctúan, aparentemente sin avisar.

# Una mirada más cercana a la retroalimentación emocional

La mayoría de las personas considera a sus emociones como una verdad en vez de información. Quiero que repienses esto. Nuestras emociones no determinan quiénes somos; son solamente señales de lo que está sucediendo en el interior. El gran poder de nuestras emociones es que podemos usarlas como indicadores de lo que está ocurriendo en nuestra mente y nuestra alma. Las emociones nos dan pistas sobre cómo nos hacen sentir las personas y las situaciones. Algunos de nosotros esperamos recibir retroalimentación, y algunos de nosotros preferimos evitarla. Cuando la retroalimentación que obtenemos se siente bien, le damos la bienvenida, pero si desencadena ansiedad, miedo o enojo, quizá tratemos de desconectarnos de ella mediante la evasión o la automedicación. Los sentimientos son difíciles para cualquiera. Conozco a una mujer que siempre está *haciendo* algo, cada minuto que está despierta. Ella está evitando constantemente sus pensamientos porque usualmente son negativos y dirigidos hacia dentro. Se siente especialmente incómoda con el silencio porque en el silencio sus pensamientos retumban. El padre de un amigo mío tampoco podía tolerar sus sentimientos porque le hablaban de su soledad. Se sentía tan incómodo estando solo que tenía una televisión encendida en cada habitación.

Nuestras emociones nos informan, nos guían y nos muestran cuándo es momento de un cambio. Sirven como señal de que algo que estamos haciendo o pensando no nos beneficia, o afirman que el camino en el que estamos es el correcto. Muchas personas tienen miedo de que una vez que abran las compuertas de la emoción serán devorados. Te aseguro que este no es el caso. Puedes escoger simplemente observar tus sentimientos sin dejarte arrastrar por ellos. Adopta un nivel elevado de perspectiva, el de un científico. Simplemente observa, como si miraras una película de terror. Puedes experimentar emoción, miedo o nervios. No estás en la película, pero aun así puedes experimentar la emoción que genera mientras permaneces como observador. Estás consciente de lo que estás sintiendo, pero estás escogiendo una respuesta diferente.

Las emociones son sutiles y complejas. Con frecuencia podemos experimentar una emoción que parte de un sentimiento más profundo. Los celos, por ejemplo, pueden ser una búsqueda de atención, o pueden surgir de una falta de autoestima, o pueden ser resultado de un temor a ser reemplazado. Entonces, ¿cuál de todos es? Aquí es donde entra la observación.

Yo entreno con una mujer que es, como ella misma se describe, "una persona celosa". Después de ser soltera por un tiempo, entró en una relación. A menudo se enojaba con su novio porque estaba convencida de que él la iba a dejar, aunque él no estuviera coqueteando con otras mujeres ni mostrara deseos de terminar la relación. Lo único que podía separarlos, le dijo él, eran los celos de ella. De modo que le di un ejercicio.

El primer paso era hacer consciente la emoción. Cada vez que ella sintiera celos, le pedí que observara la emoción en vez de reaccionar a ella, para así llegar a la raíz de la causa. Finalmente, se dio cuenta de que sus celos se desarrollaron porque creía que ella no era lo suficientemente buena para él. Después de que descifró eso, se dio cuenta de que podía enfocarse en sí misma y no en su novio. Cuando se despiertan emociones dolorosas, como el enojo y los celos, tenemos la opción de guardarlos para nosotros mismos o comunicar lo que estamos sintiendo. Con nuestras parejas, la segunda opción puede ser muy efectiva.

Reaccionar es algo como esto: *"Ya sé que estás coqueteando con otras mujeres, así que mejor déjame de una vez ¡Vete!". Comunicar es algo como esto: "En este momento estoy sintiendo celos porque, cuando hablas/actúas/te comportas de esta manera, me hace sentir insegura".* Comunicar a través de la emoción fortalece la conexión, reaccionar conduce a la desconexión.

Le pedí a mi amiga que hiciera una lista de las cosas que ella hace que la hacen sentir bien consigo misma. Luego le pedí identificar qué emociones se encuentran detrás de esas cosas. A ella se le ocurrieron palabras como empoderada, creativa y fuerte. Detrás de sus buenos sentimientos hay cualidades que son una parte fundamental de quien ella es. Esas cualidades no van a cambiar, aunque a veces pueda perderlas de vista. Le pedí que pensara en esta lista cada vez que sintiera que su autoestima se tambaleara.

Observar nuestras emociones cuidadosamente es imperativo si queremos entender cómo afectan nuestra vida y la vida de las personas que amamos.

# Identifica tu emoción automática

Todos tenemos una emoción automática que se apodera del escenario cuando nos sentimos estresados. La mía es la tristeza. ¿Cuál es la tuya? Entre las más comunes están la ira, el miedo, el resentimiento o la vergüenza.

Mi primera experiencia con la tristeza ocurrió cuando mi familia se había mudado de Luisiana a California, tras un devastador revés financiero. Identifiqué a mi emoción automática años después cuando me encontraba en un estado de tristeza profunda otra vez luchando con un trastorno alimenticio. Por lo general soy optimista, pero cuando me encuentro con una oposición extrema, siento tristeza. Cuando esto ocurre, sé que está sucediendo algo a lo que debo prestar atención.

Si no estás seguro de cuál es tu emoción automática, recuerda cómo te sentiste en dos o tres ocasiones cuando las cosas no salieron como querías. Te despidieron de un empleo, pasaste por un rompimiento, perdiste una oportunidad que habías estado esperando… cualquiera que haya sido. Bajo presión, todos tenemos una emoción automática y probablemente sea una con la que estás muy familiarizado.

La emoción defectuosa de Kristen es el enojo. Kristen es normalmente dulce, bondadosa y de buen corazón. Sin embargo, cuando algo la desafía, lo enfrenta con enojo. Su hija mayor sabe cómo irritarla. Si Kristen menciona que este es un hermoso día, la respuesta de su hija será quejarse de que es un día con mucho viento, siente frío y quiere irse a casa. Kristen se enoja enormemente cuando su hija expresa su insatisfacción sobre algo. Esto alcanzaba un punto en el que ella estaba empezando a sentir que su ira estaba definiendo quién era ella. Comenzó a considerarse a sí misma como una persona iracunda. Me preguntó acerca de cursos de manejo de la ira. Le respondí que el enojo sostenido probablemente sea un síntoma, así que vamos a identificar la causa que le da origen. Se requiere mucha energía para combatir lo que estás sintiendo.

## Identifica la emoción (información) y escoge una respuesta.

La tarea de Kristen no era crear un cambio en su hija, sino descifrar por qué las acciones y perspectivas de su hija la irritaban tanto. Kristen reveló que tenía una relación complicada con su madre y a veces llegaban a no hablarse durante años. Por lo tanto, para Kristen era una prioridad tener una relación cercana con su hija. Cuando su hija se quejaba o estaba en desacuerdo (como los hijos tienden a estar), en vez de usar eso como base para una conversación, Kristen sentía que su relación más valiosa estaba bajo ataque; así que respondía con enojo. La conducta de su hija la afectaba tanto porque ella deseaba tener una relación madre-hija "perfecta". Una vez que conectó su reacción con la causa subyacente, pudo controlar su enojo.

Escoge a qué prestar atención y cómo entender el significado de tus emociones, porque surgen por alguna razón. No puedes fingir que las emociones no existen hasta que desaparezcan. Trascender tu agitación emocional puede transformar tu relación.

Capítulo ocho

# Responsabilidad radical

Volvernos la mejor versión de nosotros mismos significa asumir responsabilidad por las áreas en las que necesitamos crecer. Sin embargo, estas áreas suelen ser oscuras y extremadamente sensibles. Nos mantienen atrapados en la mentalidad de víctima. Aunque la victimización se manifiesta en una variedad de maneras, tales como la negación, la ansiedad y el resentimiento, nace de tres emociones negativas. Yo las llamo las Tres Grandes: culpa, acusación y vergüenza, y casi siempre son la fuerza que impulsa cada área de nuestra vida que desearíamos cambiar.

Distingamos entre culpa, acusación y vergüenza, sentimientos por los que la mayoría de nosotros pasamos frecuentemente. Entender lo que estás sintiendo te da una mayor posibilidad de no someterte ante ello. Por ejemplo, si otro conductor estropea tu auto, podrías sentirte enojado. Pero si una granizada causó el daño, podrías sentirte triste. En ambos casos, si estás enojado o triste, sigues acusando a una causa externa por el daño de tu auto. Si tú fueras el responsable directo, digamos que ibas chateando mientras manejabas, entonces lo más probable es que sentirías *culpa o vergüenza.*

- Culpa: *Hice algo malo y tengo miedo de cómo podré ser juzgado por esto; por mí mismo y por los demás.*

- Acusación: *Tú eres el responsable de cómo yo me siento.*

- Vergüenza: *SOY malo. No solo hice algo malo sino que también soy una mala persona, y cuando encuentres la verdad, me rechazarás.*

Luego está el enojo. Aunque este no es una de las Tres Grandes, va de la mano con ellas y puede ser igual de destructivo. El enojo es a menudo una reacción a lo que le ha sucedido a una persona. Cuanto más enojada está una persona, más está acusando a algo o alguien más. Si hay una circunstancia que te altera y sientes enojo por ello, recuerda que el enojo es solo una respuesta a una injusticia percibida.

**Mucha gente confunde al enojo con fortaleza cuando, de hecho, el enojo es solo la reacción distintiva de una víctima.**

Tiene el mismo catalizador que la tristeza, pero el enojo es externo mientras que la tristeza es interna.

# Culpa

Una de mis palabras favoritas es inexpugnable. Cuando eres inexpugnable, no puedes ser atacado o derrotado. Esta palabra resuena conmigo porque en varias ocasiones de mi vida he recibido acusaciones y juicios, y mi primera reacción solía ser sentir culpa. En mi familia originaria de Oriente Medio, la culpa era una emoción común. En mi vida adulta, la culpa condujo a la vergüenza. Mi solución era tratar de crear perfección en cada aspecto de mi vida porque, si algo es perfecto, es inexpugnable. No hay manera de criticar la perfección, porque, bueno... es perfecta. Dedicaba mi vida a construir muros protectores contra la vulnerabilidad mediante la búsqueda de la perfección.

Mucho después, cuando finalmente vi que esta estrategia no estaba creando el resultado deseado, hice cambios y avancé en una dirección más productiva. Ahora la perfección que buscaba no era física o siquiera emocional. Era una conciencia inexpugnable; es decir, alcanzar un estado en el que pudiera mantener mi conciencia, aún en momentos en que me sintiera juzgada y atacada. Podía aprovechar la oportunidad para desarrollar mi carácter. Como resultado, mi ser interior no era sacudido por palabras fuertes, críticas o reacciones.

En los momentos que sentía acusación y juicio, yo elegía dejarlos pasar, como agua que corre. Decidí que si sentía que había hecho algo mal, haría un esfuerzo por hacerlo de forma diferente la próxima vez. Ha sido todo un viaje y todavía estoy en el camino. Entender que la culpa y la vergüenza no eran inevitables —y que la perfección no era la única manera de evitarlas— ha sido extraordinariamente liberador para mí.

Cuando nos suceden cosas en la vida a cualquiera de nosotros —sea una infancia de abusos, un matrimonio fallido, o la incapacidad de concebir un hijo— adoptar una conciencia inexpugnable puede ayudarte a no identificarte con tus circunstancias. Por muy difíciles que sean esas situaciones, no definen quién soy.

## Acusación

No hace mucho tuve que ir a la dentista y, dicho sea de paso, detesto ir al dentista. Después de que me hurgó y pinchó por lo que parecía una eternidad, me dijo: "Necesitas una corona. Tus rellenos dentales están comenzando a deteriorarse, y hay un problema con tus encías". Y siguió hablando y hablando; ya entienden a qué me refiero. En ese momento, me di cuenta de que lo que no me gustaba de ir al dentista no era solamente la anestesia; es sentirse como un fracaso. Como si no hubiera cuidado mis dientes adecuadamente en toda mi vida, y no poder hacer nada al respecto a esta altura. Allí estoy, sentada en el sillón de la dentista, teniendo la indeseada sensación de ser un fracaso, cuando un pensamiento surgió.

*"Esto es culpa de mi esposo".*

Así es. Quería alguien a quien culpar, y él era el candidato número uno. ¿Te has dado cuenta de que de alguna manera lo más fácil es echarle la culpa a aquellos más cercanos a ti? En los momentos en que estamos sintiendo emociones negativas, tendemos a culpar a nuestras parejas. Y, usualmente, los culpamos por cosas de las cuales no culparíamos a nadie más: decepciones, infelicidad, humillaciones y fracasos: todas las cosas de las cuales somos inherentemente responsables. Al culpar a mi esposo por mi decepcionante reporte dental, no tengo que asumir la responsabilidad por el estado de mis dientes. Me estaba poniendo en el papel de la víctima.

Todos caemos en esta trampa, incluyéndome a mí. Allí estaba sentada, verdaderamente rumiando, por muy ridículo que suene, sobre el hecho de que si Michael tuviera mejor higiene dental, yo también la tendría. El pensamiento que se me ocurrió fue: *"¡No he cuidado mis dientes porque él me ha influenciado!"*. Traje conciencia a este pensamiento y, por supuesto, me empecé a reír porque es absurdo. Pero, sinceramente, este fue mi pensamiento inicial al sentirme como un fracaso en mi higiene dental.

Responsabilidad y acusación no son lo mismo. La responsabilidad hace a alguien responsable por sus acciones. La acusación hace a alguien responsable por cómo nosotros nos sentimos. Está justificado hacer que un ex cónyuge se comprometa a pagar la manutención de los hijos. No está justificado hacer responsable a tu ex de tu continuo sufrimiento emocional e incapacidad de tener una nueva relación.

En vez de decir: "¿Por qué a mí?" cuando algo suceda, pregunta:
*"¿Por qué ha llegado esta situación a mi vida?"*.
*"¿Qué puedo aprender de esta situación? ¿Cómo puedo crecer?"*.

Al hacer estas preguntas, detenemos el culparnos a nosotros mismos, el culpar a alguien más o a algo externo. Si estás acusando, no ves opciones ni oportunidades porque te estás enfocando en la injusticia percibida de la situación en lugar de enfocarte en una solución.

# Vergüenza

Vergüenza significa que hay algo tan horrible acerca de nosotros, que si otra persona lo descubriera, ya no seríamos dignos de una conexión con ella. Esta es una manera muy dolorosa de vivir.

**Muchas personas que luchan con problemas de autoestima y desprecio a sí mismos tuvieron padres que usaban la vergüenza como una herramienta de crianza. Esto les enseña a los niños que no son inherentemente dignos de amor.**

La manera como les hablamos a nuestros hijos se vuelve la voz interna en su cabeza, su crítico interno. Si te relacionas con el papel del padre o del hijo en esta dinámica, es bastante probable que estés creando esas situaciones a lo largo de tu vida porque la vergüenza te es familiar. Es lo que conoces.

Es posible superar la vergüenza. La Dra. Brené Brown dice que, para lograrlo, hay tres cosas que debemos saber:

- La vergüenza es universal. Todos la experimentamos. Las únicas personas sin vergüenza son individuos que tienen trastornos de personalidad antisocial (psicópatas o sociópatas).

- Tememos hablar de ello porque la vergüenza se siente fea. Nuestros secretos vergonzosos se hacen más fuertes en la oscuridad, pero al no guardarlos en secreto, no pueden crecer.

- Cuanto más hablamos de la vergüenza, menor control tiene sobre nuestra vida. En el momento en que compartimos nuestra vergüenza y se expone a la luz, quizás después de un choque momentáneo de horror y reconocimiento, ¡puf! desaparecen.[30]

La vergüenza acecha en las áreas más comunes de nuestra vida, como la imagen corporal, la paternidad, las adicciones, el sexo y el envejecimiento. Sentir vergüenza es ser humano. Pero la vergüenza es una creencia que tenemos acerca de nosotros mismos, y las creencias son elecciones y pueden ser cambiadas.

Nadie tiene que ganarse la dignidad. Nuestro valor es inherente. Cualquier vergüenza que sintamos es irrespetuosa con nosotros mismos y se extiende a toda área de nuestra vida.

Podrías estar escogiendo sobrealimentar a tu cuerpo, o automedicarte con alcohol excesivo o píldoras. Podrías estar expresando tu falta de respeto propio en la forma en que te mueves, te vistes o hasta en cómo tratas a los demás. Las cosas no están tan aisladas como nos gustaría creer.

Cuando conoces a alguien especial, esa voz crítica en tu cabeza podría pensar: "Debes tener estándares bajos si me amas".

## Liberarte de las Tres Grandes

Muchas personas viven toda su vida con vergüenza porque algo terrible les ocurrió, o cometieron un error y han decidido que son inherentemente indignas. Muchas personas ubican la culpa en cualquier otro lugar para evitar encarar su vergüenza. Y así el ciclo de victimización continúa; hasta que decides romperlo.

Para cambiar los patrones emocionales de la acusación, la culpa y la vergüenza, practica el ejercicio siguiente:

- Reconoce que los sentimientos a los que te estás aferrando no te sirven. Cuando sientas culpa o vergüenza, piensa en algún evento, tan lejano como puedas recordar, en que te sentiste de esa manera. No revivas el evento; simplemente trata de mirar como un observador y ve la situación como realmente fue en lugar de como te hizo sentir.

- Identifica el mecanismo de afrontamiento que has usado en el pasado para manejar las situaciones difíciles. ¿Fue acusar a los demás? ¿Fue sentir culpa? ¿Fue vergüenza?

- Ahora, recuerda que puedes elegir ver cualquier experiencia bajo una luz completamente nueva. Asume toda la responsabilidad de tu felicidad y bienestar en el presente.

PRINCIPIO KABBALÍSTICO:

Cada uno de nosotros es personalmente responsable de nuestro éxito o fracaso en la vida.

........

# El autoimpedimento y otras formas de autosabotaje

El autoimpedimento es una frase acuñada por Berglas y Jones, que explica lo que nos hacemos a nosotros mismos por falta de seguridad. Protege nuestra imagen personal en el sentido de que elegimos el fracaso en lugar de dañar nuestra imagen.[31] Por ejemplo, un estudiante podría decidir no estudiar para no sentirse mal consigo mismo si obtiene bajas calificaciones. Después de todo, no estudió, así que eso explica la baja calificación. Algunas personas cuando se enfrentan a un problema de relación que no saben cómo transitar, a sabiendas o no, protegen su sentido de seguridad en sí mismas al atribuir la culpa a las circunstancias externas que, de hecho, han creado ellas mismas. Es autoengaño en su máxima expresión. Te permite acusar a tu pareja en vez de trabajar en ti mismo. El problema en la relación es la cortina que tapa otros problemas.

Si alguien sabe que una conversación difícil lo espera en casa, puede andar distraído todo el día, de modo que se ve obligado a quedarse trabajando hasta tarde. O uno de los dos miembros de la pareja puede ir a la sesión de terapia de pareja con una resaca. Andar de fiesta la noche anterior a una prueba; saltarse la práctica antes de un juego importante; reconectarse deliberadamente con una expareja justo antes de tu boda: al crear estos escenarios nada óptimos, no te sientes tan mal con respecto al fracaso.

Veamos el caso de una esposa cuyo marido es difícil de complacer. Él suele encontrar fallas en la personalidad de ella y ella siente que siempre lo está decepcionándolo, principalmente porque él se lo dice.

Debido a que ella anticipa la decepción de él, podría quemar la cena "accidentalmente" para evitar escuchar la típica crítica que él hace de su comida. Si la comida se arruinó, entonces salen a comer o piden algo por teléfono, y cualquiera que sea lo que terminen comiendo no va a ser culpa de ella. Cuando las personas tienen una buena excusa, sienten menos motivación para mejorarse a sí mismos. Es la autoparálisis lo que asegura que las cosas se mantendrán exactamente como están. Por supuesto, esto no es lo que queremos, entonces ¿por qué continuamos? Porque incluso las conductas nocivas tienen su recompensa.

Una manera de cambiar la conducta de autosabotaje es encontrar la razón por la que estás escogiendo realizarla. Berglas y Jones alegaban que algunas personas recurren a sustancias como el alcohol para evitar las implicaciones de la retroalimentación negativa del fracaso y para mejorar la retroalimentación positiva del éxito.[32] Si te perjudicas a ti mismo con estrategias conocidas por socavar el rendimiento y fracasas, ahora puedes externalizar la culpa… y proteger tu sentido de competencia. Obtuviste una calificación baja en el examen no porque no seas inteligente o no conozcas la materia. Tuviste calificación baja porque tenías una resaca, estabas drogado, agotado o deshidratado. Cuando tienes algo externo al que culpar, no necesitas culparte a ti mismo. El fracaso es ahora menos embarazoso porque puedes racionalizar que no ha sido tu culpa.

El problema con esa estrategia es que si bien el fracaso duele y puede ser embarazoso o hasta humillante, es también una luz piloto para la motivación. Piensa en esto. Recuerda una experiencia en la que te sentiste avergonzado o humillado, y probablemente descubras que usaste ese sentimiento para esforzarte a hacerlo mejor la vez siguiente.

## Del sabotaje a la visión

Cuando era adolescente, había una pegatina el refrigerador que decía: "La vida es corta; cómete primero el postre". Me encantaba esa frase, lo cual es irónico porque, en ese tiempo, yo no comía postre y mucho menos de primero. No había nada en mi vida que se sintiera o supiera dulce. Por un tiempo, la comida para mí no era nada más que un aspecto que yo podía controlar en mi vida; ser capaz de determinar cuándo debía comer en lugar de reaccionar a los deseos de mi cuerpo. Me fortalecía al no desearlo en absoluto. En esa época creía que merecía lo mínimo en la vida, incluyendo la comida; aunque en aquel entonces no veía la correlación. Me sentía tan vacía emocionalmente que me hice vacía físicamente.

El resultado fue una batalla de cinco años contra la anorexia y el trastorno dismórfico corporal. Mi percepción de mí misma estaba distorsionada. Esta fue la época más oscura y triste de mi vida. Me sentía muy sola, muy perdida y sin ninguna idea de quién era yo. Estos sentimientos me eran tan incómodos que quería escapar de mi propio cuerpo.

Nunca creí que alguien estuviera destinado a vivir una vida de infelicidad, y sin embargo, por alguna razón, no tenía la misma creencia para conmigo misma. No sentía que merecía amor o felicidad. Por lo tanto, no me daba permiso o la voz para expresar deseo alguno para mí misma.

A lo largo de esta experiencia, me preguntaba: "¿Qué me está impulsando a matarme de hambre? ¿Por qué me hago esto? ¿Qué es tan insatisfactorio en mi vida que hace que yo misma me sabotee de esta manera?". Debido a que nunca encontraba respuestas, corría; literalmente. Siempre estaba corriendo para alejarme de algo: frustración, miedo, deseo de libertad. Quería correr hasta que estuviera tan cansada y agotada que nadie pudiera quitarme nada porque no quedaba nada para dar. Usualmente, solo sentía un vacío reconfortante después de una carrera de 32 kilómetros. Hacía esto unas cuantas veces a la semana, al punto que quedaba demasiado cansada para luchar, desear, anhelar o soñar.

Además de correr, había otra práctica a la que me sumé. Cada día iba al baño y me realizaba la prueba del pellizco; agarraba pedacitos de piel entre mi pulgar y mi índice para asegurarme que no tuviera depósitos de grasa. Era una investigación minuciosa que realizaba cada día. Para ser sincera, lo hacía cada vez que pasaba frente a un espejo. Pero aun así no me daba cuenta del daño que me estaba haciendo. Hasta que una mañana… estaba en el baño, mi camisón subido hasta arriba de mi cintura, realizando otra prueba de pellizcos frente al espejo, cuando logré mirarme. De pronto, me liberé de mi trance. En vez de ver a la persona obesa que usualmente veía, me vi como era realmente. Era una desconocida esquelética prácticamente irreconocible. Estaba horrorizada. Es decir, *verdaderamente* horrorizada. No veía parecido con la muchacha que veía en mi reflejo durante los primeros diecinueve años de mi vida. En el espejo había una mujer joven que estaba bien encaminada a matarse lentamente. Empecé a entrar en pánico, llamando a gritos a mi mamá a todo pulmón. Entre lágrimas, nos abrazamos como si ambas estuviéramos aferrándonos a la vida.

Finalmente me había *visto*, sumida en los efectos de mi autosabotaje. Reconocí el daño que había hecho. Después, cuando llegué a un entendimiento más profundo mediante mis estudios de Kabbalah, llegué a llamar a este momento el don de visión. En ese momento entendí, inevitablemente, que tenía un problema. Necesitaba arreglarlo y tenía que creer que sin importar qué falso sentido de realidad vería después de ese momento, este no era verdad; a pesar de cuán real se viera.

Hay una porción en la Biblia llamada Reé, que significa "ver". Reé es acerca de la capacidad de ver las bendiciones y las maldiciones que se manifiestan de acuerdo con la energía con la que actuamos. Cuando entendemos algo, decimos: "Ya veo". Esto se refiere a nuestro entendimiento cognitivo de un concepto, no a la realización de una manifestación física.

En ese momento de Reé, lo vi todo. Estaba solitaria y quería ser amada. A través de la Kabbalah llegué a darme cuenta de que, para ser amada, tenía que dar amor; y para dar amor tenía que encontrar la fuente de ese amor dentro de mí. Me había estado saboteando a mí misma porque creía que no era digna de ser amada. Pude ver a dónde me iban a llevar mis elecciones y tomé una decisión consciente de cambiar el resultado.

Todos tenemos áreas en nuestra vida de las cuales sabemos que estamos huyendo. Una vez que son expuestas a la luz, una vez que son vistas, ya no tienen el mismo poder para descarrilar nuestra vida. Te das cuenta de que nunca estuviste huyendo de ello; te estaba dominando.

**Pasar del autosabotaje a la conciencia es la manera de volvernos radicalmente responsables.**

Significa mirar inquebrantablemente las partes más problemáticas y difíciles de ti mismo. No puedes ser auténtico si estás ocultando partes de quién eres, y únicamente tú puedes reconocerlas. Permite que estas partes descuidadas sean *vistas* para que la verdadera transformación pueda comenzar.

## Ama la oposición

Cuando finalmente tenemos éxito en dar los pasos hacia la curación y la transformación, podríamos descubrir que no todos son solidarios. Cuando comienzas a hacer cambios, vas a encontrarte con alguna oposición inmediata, a veces poderosa. ¡Esto es bueno! El mejor indicador de que vamos en la ruta correcta es la oposición de la gente a nuestro alrededor. El trabajo espiritual *requiere* oposición. Si vas a hacer algo grande en el mundo, tiene que haber una fuerza opositora.

Empecé a estudiar Kabbalah cuando tenía diecisiete años, y me comprometí con mis estudios a los dieciocho. Cuando mi familia notó cuán dedicada me había vuelto con mi trabajo espiritual, empecé a recibir comentarios no tan positivos de uno de mis tíos. Y cuando empezaba a criticar, el resto de la familia se le unía. ¡La ironía aquí es que mi familia me había alentado a estudiar Kabbalah en un principio! Con todo, mientras más me involucraba, más oposición recibía.

Semana tras semana, me interrogaban: "¿Qué estás haciendo? ¿Qué estás aprendiendo? ¿Qué estás estudiando? ¿Funciona realmente?". Y cada una de mis respuestas conducía a más críticas. "Eres demasiado extremista. No sabes lo que estás haciendo con tu vida. Eres demasiado joven. Te están lavando el cerebro".

Este bombardeo me llevó a un nuevo nivel de conciencia. Al principio, me preguntaba mucho a mí misma. "¿Creo en esto? ¿Es este mi camino verdaderamente?". La respuesta siempre era sí. Una vez que tuve la certeza, algo cambió dentro de mí. La oposición me forzó a desafiarme a mí misma. Me sirvió para definir mis creencias y fortaleció mi determinación a vivir conforme a ellas. Reconocí que esto era necesario en cierto nivel. Pude ver cómo hasta la más pequeña sombra de duda, incluso un 1%, había creado una apertura para la negatividad. Esto le dio a mi tío espacio para desafiarme. Hice todo lo posible para que él dejara de molestarme. Traté de ignorarlo. No funcionó. Traté de discutir. No funcionó. Solo cuando tomé la decisión de que estaba 100 % segura de que la sabiduría de la Kabbalah era mi llamado, mi tío no pronunció ninguna palabra más porque no había oídos para escucharla. Cerré la apertura con mi certeza.

Este concepto de oposición se desarrolló en la historia real de los campeones de autos de carrera James Hunt y Niki Lauda, cuya famosa rivalidad fue llevada a la pantalla por Ron Howard en 2013, en la película *Rush: pasión y gloria*. Un terrible accidente durante una de sus carreras deja a Niki Lauda gravemente quemado en gran parte de su cuerpo. Durante esos meses tortuosos en el hospital, veía las carreras de James Hunt en la televisión, mientras gritaba todo el tiempo a la TV cuánto lo odiaba. Un día, mientras ventilaban y drenaban sus pulmones, su médico le dijo: "Deja de considerar como una maldición el que te hayan dado un enemigo en la vida. Esto puede ser una bendición también. Un hombre sabio obtiene más de sus enemigos de lo que un tonto obtiene de sus amigos".

Niki Lauda se dio cuenta de que, sin su archienemigo, nunca habría estado tan motivado para recobrarse por completo; lo cual logró. Sin James desafiándolo, él probablemente nunca habría logrado convertirse en el gran corredor que era. Con el tiempo, los dos hombres se encontraron y hablaron acerca de lo que había pasado. Cuando James dijo: "En muchas maneras, me siento responsable de lo que ocurrió...", Niki lo interrumpió. "Lo fuiste. Pero créeme, verte ganar todas esas carreras mientras yo luchaba por mi vida te hizo igualmente responsable de que yo volviera a mi auto".[33]

La transformación que les permitió volverse amigos ocurrió en el momento en que dejaron de ver las dificultades entre ellos como algo personal. En vez de que fuera sobre esa "horrible" persona y sentir odio mutuo, se dieron cuenta de que su "enemigo" en realidad era su bendición, impulsándolos hacia la grandeza. Una vez que entendieron esto, fueron capaces de transformar su venganza en un aprecio por la oposición. Es humano resistirse a la oposición. Si sientes oposición en tu relación —o en cualquier otro aspecto de tu vida— obsérvala por lo que es. Es un don que te está dirigiendo en la dirección de tu ser superior.

La oposición de nuestra pareja nos ayuda más de lo que pensamos. Todos necesitamos a alguien apoyando, desafiando y recordándonos las características que *no* nos sirven. La única manera en la que podemos ver nuestro reflejo en un espejo es cuando nos paramos "frente" a este. Si no te puedes ver a ti mismo, ¿cómo puedes saber dónde necesitas mejorar?

Este regalo también puede ser el mayor reto para una pareja. No todos *desean* un espejo. No todos quieren dejar de ser víctimas. No todos quieren cambiar. Y no podemos inspirar ese deseo o esa decisión en nadie. Debido a que ayudar a la gente es parte de mi trabajo de vida, me produce gran satisfacción ayudar a que las parejas superen los tiempos difíciles. Generalmente, puedo ayudar a que un matrimonio retome su camino. Pero otras veces no puedo. Todo depende de la pareja, su dedicación a la tarea y su nivel de compromiso mutuo y con ellos mismos. Como dijo el Kabbalista Rav Áshlag: "Nunca puedes hacer el trabajo por alguien más".

Capítulo nueve

# Eres adorable

El Kabbalista Rav Áshlag compartía una parábola acerca de un hombre rico que había preparado una nueva habitación para su hijo llenándola de oro, plata, finas vestiduras, una biblioteca extraordinaria y todo lo demás que su hijo pudiera desear o necesitar. Sin embargo, cuando el hijo finalmente entró en la habitación, esta estaba tan oscura que no podía ver nada. Después de haber tenido expectativas tan grandes, comenzó a llorar de la desilusión. Allí estaba sentado, descorazonado. Todo lo que necesitaba hacer para disipar su tristeza era correr las pesadas cortinas. Si dejaba entrar la luz del sol, podía ver el almacén de tesoros que habían sido dispuestos para él.

Todos somos un poco como el hijo sentado en la oscuridad. Tendemos a ver solamente lo que nos falta, cuando en realidad todo lo que necesitamos ya está aquí.

## PRINCIPIO KABBALÍSTICO:

Las bendiciones están esperando llegar a nosotros, pero no pueden habitar en un lugar de oscuridad; donde sentimos carencia, tristeza o falta de merecimiento.

........

Sentirse no merecedor es como decirle al Creador: "Me he rendido" o "No tengo esperanza". El Talmud nos dice que si una persona pierde algo, pero no pierde la esperanza de encontrarlo, finalmente lo recuperará. No obstante, si pierde la esperanza de recuperarlo, quien lo encuentre se volverá su legítimo propietario. Es peligroso sentir carencia porque eso invita más carencia a nuestra vida. Nuestros pensamientos se convierten en profecías autocumplidas. Nos saboteamos a nosotros mismos porque no podemos atraer bendiciones y amor a nuestra vida mientras estemos pensando mal de nosotros mismos; son realidades opuestas. Depende completamente de ti cuántas bendiciones puedes atraer a tu vida. Para producir cambios milagrosos, comienza por realizar acciones pequeñas; estas crean aperturas para que el Creador obre.

## Todos merecemos amor

Una muy exitosa planificadora de bodas, Susan, fue violada cuando tenía seis años, y el abuso había continuado en su adolescencia. Ella mantuvo este secreto y la vergüenza que sentía hasta que me lo reveló. Durante décadas, Susan se había sentido responsable por el abuso infantil, segura de que ella debía ser una persona profundamente dañada para haber atraído esas terribles agresiones. Deseaba desesperadamente tener una relación, pero por más que lo intentó, no tuvo éxito en encontrar una. Susan creía que no merecía la felicidad. Tenía cuarenta y siete años pero estaba estancada en los seis, culpándose por las acciones de su abusador.

Le dije que no había hecho nada que causara que la violaran y que su esencia es pura y perfecta. La realidad innegable es que, hasta cierto punto, la mayoría de nosotros permitimos que nuestros pensamientos en torno a sentirnos indignos o no amados invadan nuestra vida y la dominen. Todos merecemos estar plenos y felices. Amarte verdaderamente a ti mismo es un proceso incondicional que te permite aceptar, celebrar y apreciar todo lo que eres, tanto lo positivo como negativo, completa y auténticamente. Esto también te da permiso para alterar las cosas de ti mismo que no te sirven.

La vida está llena de experiencias y personas que sirven para reflejar aspectos de nosotros mismos; cada individuo que conocemos tiene algo que enseñarnos. A veces damos importancia a las cosas equivocadas, a las cosas malas que nos suceden, en lugar de a las cosas que realmente son de valor. Hay una relación en particular que tendemos a descuidar —la que tenemos con el Creador— pero es la única relación que siempre ha sido constante, aun si no tenemos memoria de ella en esta vida. Es de dónde vinimos y a dónde regresamos.

## Cuenta tu secreto

¿Cómo Susan podía esperar enamorarse cuando no tenía amor por sí misma? Cuando odiamos quiénes somos, especialmente debido a algo traumático que nos ha sucedido, es difícil cambiar lo que sentimos por nosotros mismos. Compartir estos pensamientos y sentimientos negativos es la manera más fácil de liberarlos. No los guardes en secreto. La gente viene a mi oficina todo el tiempo y comparte el remordimiento por acciones pasadas y la vergüenza por cosas que han hecho. En el momento que ven *mi* reacción, que siempre es de apoyo, entonces se permiten ver otra perspectiva y empiezan el proceso de perdonarse a sí mismos.

En los momentos que nos acusamos de ser "incompetentes", "perezosos", "irresponsables" o "egoístas" son los momentos en que nuestra voz negativa interna, la cual algunos psicoterapeutas llaman el "crítico interno", ha tomado el control. En lugar de reprenderte de esta manera, trata de hablarte como lo harías con un niño. Nunca le dirías a un niño pequeño que era estúpido, así que ¿qué te hace pensar que está bien que te hables a ti mismo de esta manera? Si puedes silenciar al crítico interno, escucharás una voz más suave y gentil que se encuentra en lo profundo de tu ser. Esta es tu auténtica voz interior, la que es amable y clemente. Esta suave voz habla por la esencia de nuestro ser, donde todos somos perfectos.

## Atraer el amor auténtico

Amarte a ti misma es amar todo de ti, incluso las cosas que son difíciles de mirar. Esto es amor incondicional.

## Si no puedes ofrecerte amor incondicional a ti mismo, tampoco serás capaz de ofrecerlo a alguien más.

Ni serás capaz de recibirlo. Puedes comenzar a cultivar el amor incondicional —por ti y por los demás— de las dos maneras siguientes:

1. **Expresa agradecimiento.** A veces al final de un largo día, me acerco a mi esposo y le digo cuán agradecida estoy por todo lo que él es, por todo lo que me da y por hacer que este viaje de vida valga la pena. Y, mientras practico la gratitud, me doy una palmadita en la espalda por escoger tan sabiamente a un compañero de vida tan maravilloso. Esto funciona en ambos sentidos; apreciar a nuestros seres queridos confirma nuestro aprecio por nosotros mismos.

2. **Concéntrate en lo bueno.** Como hemos visto, unos de los mayores impedimentos para lograr nuestras metas es el pensamiento negativo. Quizá no queramos admitirlo, pero todos hemos tenido pensamientos como los de Susan: que no somos merecedores, que estamos dañados debido a nuestro pasado y, por lo tanto, no merecemos cosas buenas. Es sorprendente cuán hábiles podemos ser autocriticándonos. Pero al ser conscientes de las bendiciones en nuestra vida, podemos cambiar nuestro enfoque.

Para atraer amor auténtico, debemos saber que somos perfectos y merecedores. A veces nos encontramos mirando a un amigo o algún conocido y pensamos: "Oh, qué suerte tiene, lo tiene todo; la vida es tan fácil para él". No es verdad, nadie es más ni menos merecedor que tú. La intención del Creador para cada uno de nosotros es una vida de felicidad y plenitud. No tienes que ganarte el amor al igual que tampoco tienes que ganarte el derecho a respirar. No permitas que las opiniones negativas o prejuicios de otras personas te hagan pensar que no eres suficientemente bueno. Eres merecedor de amor. Tan simple como eso. Acéptalo y tenlo presente.

## Parte Dos

# Pasar de "yo" a "nosotros"

## Vivir felices para siempre (de verdad)

Capítulo diez

# El síndrome de Cenicienta

El amor es uno de los temas más tratados ampliamente y, aun así, sorprendentemente es también uno de los más incomprendidos. Esto se debe a que vemos muchas imágenes distorsionadas de lo que es el amor en canciones y versos, en novelas y en romances cinematográficos. Después de que todos los obstáculos dramáticos son superados, la cámara se aleja, comienzan a sonar los violines y la pareja camina junta en una puesta de sol idílica. Pero ¿qué sucede después de que pasan los créditos?

Lo que vemos en las películas es lo que identificaré como amor romántico: un vínculo apasionado entre dos personas, un sentimiento vertiginoso que da vueltas a tu mundo y te llena el estómago de emoción y mariposas. Oímos que enamorarse se trata de "seguir a nuestro corazón, no a nuestra mente", y que el amor en sí es mágico y está más allá de la razón. Pero si es amor lo que sentimos en realidad, lo sentimos por una razón; esa razón puede no ser consciente o lógica, pero existe. Sin embargo, el amor que está únicamente basado en sentimientos es una forma de amor que no puede durar. Así como las emociones positivas son insuficientes para una felicidad duradera, así también los sentimientos fuertes son insuficientes para sustentar el amor.

Considera lo siguiente: nos exponemos a cada situación incómoda imaginable para conocer a "la persona indicada": citas en línea, citas dobles, citas a ciegas (¡qué horror!). Finalmente, a través de un gran esfuerzo, nos reunimos con la persona indicada y nos han llevado a creer que viviremos "felices para siempre". El problema es que la mayoría de las películas son acerca de dónde comienza el amor. La parte del "vivir felices para siempre" es la que plantea el mayor desafío. Es después de "la puesta de sol" cuando usualmente surgen las dificultades.

"Las mejores historias de amor vienen después del matrimonio, no antes".[34] —Irving Stone

Cuando se trata de las relaciones y el matrimonio, la mayoría de nosotros tenemos preciadas ilusiones de que el amor verdadero resolverá todos nuestros problemas y se llevará todas nuestras inseguridades. Creemos que la persona apropiada incluso podría proveer suficiente amor para los dos. Necesitamos disipar esta noción de que nuestras relaciones pueden transportarnos a cualquier lugar, ya sea una casita con cerca blanca en los suburbios o a una residencia en Beverly Hills. La idea del romance y el matrimonio como un boleto a la felicidad es una falacia total.

He asesorado a numerosas parejas a lo largo de los años —algunas que han estado casadas apenas un mes, unas un año y otras durante décadas— todas ellas considerando por qué se habían casado en primer lugar, o por qué habían permanecido casadas durante todo ese tiempo. "¿En qué estaba pensando?" es un dicho común. Aunque el matrimonio puede ser difícil, esta pregunta todavía me sorprende. Respondo con mis propias preguntas: "¿Qué pensabas que sería? ¿Qué esperabas? ¿Qué buscabas al momento de entrar en la relación? ¿Cómo te sentías con tu pareja? ¿Qué crees que sucedió con esos sentimientos?".

Los estadounidenses valoran mucho el matrimonio. Ocupa un lugar central en nuestros sueños. Pero entre 40 % y 50 % de los matrimonios en Estados Unidos terminan en divorcio.[35] Quizá esto se deba a que tenemos una mentalidad de consumidor que puede filtrarse en nuestra vida romántica. Terminamos creyendo que hay un aspecto transaccional del matrimonio, en el que buscamos constantemente qué estamos obteniendo de la relación. Es la mentalidad del cliente frente al proveedor. Tenemos la percepción de que el matrimonio es solamente acerca de mí, de satisfacer MIS necesidades, no acerca de lo que yo hago, sino de cómo me hace sentir. Merezco algo mejor de lo que estoy obteniendo. ¿Les suena el término sentido de merecimiento?

Con frecuencia les asignamos a los demás ser algo en nuestra vida que nunca pidieron ser, y que probablemente no desean ser. En primer lugar, no era una responsabilidad que debíamos haberles dado. Una expectativa irreal se parece a esta situación común:

Una esposa ha estado con los niños todo el día, y justo cuando su paciencia se está acabando, tiene un encuentro con su hijo adolescente. Ella siente que no manejó bien la situación y quiere el consuelo y apoyo de su esposo apenas él llega. De una manera irreal, ella espera que él esté cien por ciento disponible para ella desde ese mismo momento. Después de todo, ella ha hecho el trabajo pesado todo el día con los niños y ahora le toca a él. Ella no está buscando el apoyo de su esposo en ese momento; está buscando a un superhéroe que venga al rescate.

Un método mejor sería considerar que tal vez su esposo tuvo su propio día difícil. Él también necesita el apoyo de ella, y está desesperado por unos pocos momentos para relajarse. Un método alternativo para obtener su ayuda sería llamarlo por teléfono cuando él esté camino a casa y explicarle la situación y las necesidades de ella. Así es como comenzamos a gestionar nuestras expectativas irreales. Nadie puede ser todo lo que nosotros esperamos que sea. Si no te haces ilusiones, no te desilusionarás.

En nuestra cultura, tenemos la tendencia a tratar a nuestras amistades y parejas como una mercancía o una inversión. Hacemos algo con la expectativa de obtener algo. Cuando no obtenemos lo que esperábamos, la decepción que sentimos inevitablemente se siente muy personal, así que culpamos a nuestra pareja por nuestra infelicidad. En muchas relaciones hay una dinámica donde uno desea más del otro.

Somos víctimas de la ilusión de que si esta persona es "la indicada" para mí, nuestra relación va a estar libre de problemas. Esto no es realista. Ninguna relación está libre de tensiones. Al final, los problemas que a menudo tenemos en las relaciones son menos a causa de estar con la persona equivocada, y más debido a nuestros propios conflictos que no hemos podido resolver.

Cada relación pasa por dificultades. Mira el caso de Romeo y Julieta. O podemos ir todavía más lejos, a tiempos bíblicos. Abraham y Sara tuvieron problemas en concebir hijos. Isaac y Rebeca tenían un hijo muy negativo. Jacob quería casarse con Raquel, pero acabó casándose con la hermana de ella, Lea, y tuvo que esperar siete años para casarse con

Raquel. (Si eres hombre el que está leyendo esto, puede que dos esposas no suenen tan mal).

Las ilusiones cargan al amor con expectativas irreales. Las mujeres en particular son víctimas del "síndrome de Cenicienta", creyendo que el príncipe azul aparecerá de pronto y eliminará todos sus problemas, lo que les permitirá vivir felices para siempre. La búsqueda de tu príncipe azul (o tu esposa perfecta) está basada en una ilusión y las ilusiones nunca duran. El amor no es un atajo a la felicidad, y el matrimonio no es un asiento en el tren que lleva a "vivieron felices para siempre". Las personas en su década de los treinta suelen decir que lo que quieren obtener de una relación ahora es diferente de lo que querían en su década de los veinte. ¿Por qué? Porque en los años intermedios se han tomado el tiempo para aprender acerca de sí mismos. La experiencia de la vida (con suerte) les ha dado un conocimiento mucho más profundo de lo que les importa.

Como una de tres hermanas, todas crecimos con la idea de que encontraríamos a alguien que nos quitara nuestros sentimientos de carencia e inseguridad. Yo buscaba a alguien que me amara por los dos, por él y por mí. Mis padres hacían mucho énfasis en el matrimonio y en hallar al hombre adecuado, mucho más del énfasis que ponían en nuestros estudios o carreras. Había una implicación de que tu destino estaba en manos de la persona con la que elegías casarte.

La filosofía sobre el amor del exitoso cantante de los años sesenta Jimmy Soul era: "Si quieres ser feliz por el resto de tu vida, nunca te cases con una mujer bonita".[36] La filosofía de mis padres era: "Si quieres ser feliz por el resto de tu vida, encuentra un buen proveedor que sea judío, exitoso y de buena familia". Lo sé, lo sé: suena como si mis padres no hubieran estado muy seguros de que sus hijas pudieran cuidarse a sí mismas sin ninguna ayuda significativa.

Muchos de nosotros estamos inconscientes de nuestras falsas narrativas, pero tan pronto como eres consciente de ellas, es difícil que perduren. Usemos este ejemplo de la creencia de que una pareja te hará feliz y pleno. ¿Podrías imaginarte repitiéndole esto a tu hija o incluso a ti mismo de joven? Imagina a tu hija creciendo y transmitiendo estas perlas de sabiduría: "¡Pero mamá y papá siempre decían que un marido puede arreglar todo!".

Cuando me casé con Michael, estaba convencida de que sería transportada mágicamente a un plano espiritual más elevado porque él había estado en un camino espiritual desde antes de que aprendiera a leer. No fui consciente de mi ilusión sino hasta años después del matrimonio. Afortunadamente, esta no fue una ilusión particularmente dañina o problemática, porque tenía que ver con mi propia búsqueda espiritual. No desvirtuó quién era Michael.

## Yo no tenía una ilusión acerca de con quién me había casado, sino una ilusión de quién sería yo en el matrimonio.

Para muchas personas, sus ilusiones han sido más destructivas.

**Ilusión: Casarme hará que mi vida sea completa.**
Muchos tienen la ilusión de que estarán totalmente satisfechos por el nuevo amor. Las mujeres en particular tienden a subscribirse a la idea de que el matrimonio es un destino, un logro que debe marcarse en una lista de objetivos en la vida y que, una vez casados, las cosas serán perfectas. Me encontré está línea humorística: "Él le ofreció a ella el mundo, y ella dijo. 'No, gracias, ya tengo el mío'". La broma destaca la idea de que todos deberíamos estar esforzándonos por tener nuestra propia vida plena, independiente y rica. El matrimonio no puede satisfacer esa orden, al menos no por sí solo. Esta ilusión es particularmente injusta para los hombres; ¿por qué una persona debería ser responsable de mantener un mundo para dos?

**Ilusión: Siempre será romántico.**
El romance es el sello distintivo del nuevo amor; eso es parte de la emoción. Ambas personas en la relación están hiperenfocadas al principio en complacer uno al otro, durante la persecución y la emoción de la novedad. Ambos se acostumbran a este nivel de atención y luego, cuando inevitablemente la energía cambia tal y como debería, se sienten

abandonados. Ambos terminan perdiendo aprecio por su pareja y la relación, y por ende dedican menos tiempo a concentrarse en cómo hacer sentir especial al otro. El romance no es solamente recibir flores cada Día de San Valentín o cenas a la luz de las velas. El romance es encendido por las cosas más sutiles que tendemos a ignorar cuando estamos en una relación por largo tiempo, como la higiene básica y la consideración por los deseos de tu pareja.

**Ilusión: Me sentiré seguro en la relación una vez que estemos casados.**
Lo que sea que hayas sentido antes del matrimonio, vas a sentirlo todavía más fuerte después del matrimonio. Si no te sentías seguro cuando salían en citas, podrías sentirte más inseguro cuando estés casado porque el matrimonio saca a la luz muchos problemas e inseguridades del pasado.

Una vez que están comprometidos en una relación, pasando más tiempo juntos que separados, se vuelven hiperconscientes de los hábitos del otro: desde cómo vives, hasta qué es lo que comes, cómo duermes, cuándo te bañas y cuándo o si usas hilo dental. Ahora toda esa información no es tuya solamente, ahora es vista y entendida por la persona con la que compartes tu hogar. Es por eso que, para algunos, el primer año de casados es uno de los más desafiantes.

**Ilusión: Tener hijos asegurará que estemos juntos para siempre.**
Esto solía ser mucho más frecuente de lo que es hoy en día. La mayoría de las personas están al tanto del hecho de que las relaciones comprometidas pierden el equilibrio cuando los hijos entran en el panorama. Se pone menos atención en las necesidades del otro. Criar hijos tiene un precio, sin lugar a dudas. Tan solo considera el hecho de que las madres pierden hasta 700 horas de sueño en el primer año de la vida de su hijo.[37]

Conocí la historia de una mujer que deseaba que su esposo dejara de beber, pero tenía miedo de confrontarlo, así que tuvo un bebé esperando que el niño sea motivación para mantenerse sobrio. (Una idea poco sobria). Esto funcionó por un tiempo hasta que él comenzó a beber de nuevo. Pero la esperanza se volvió eterna, y tuvo tres hijos más antes de que el matrimonio terminara en divorcio. Ella siguió adelante y con el tiempo conoció a su segundo esposo. Llamémoslo "Phil Anderer". En un intento por mantener fiel a su esposo, ella cayó en su vieja estrategia y se embarazó. Esto tuvo el efecto deseado por poco tiempo, y cuando dejó de funcionar, ella intentó la misma solución de "parche" dos veces más, hasta que él la dejó por otra mujer. Hay maneras más económicas y menos dolorosas de permanecer juntos que dar a luz siete veces.

# El remordimiento del comprador

"Cuando dejas de esperar que la gente sea perfecta, puedes quererlos por lo que son". —Donald Miller[38]

El peligro de las ilusiones es que conducen al remordimiento del comprador. Este es el punto en la relación cuando la sensación de euforia se ha disipado y el comprador desea devolver su pedido. Las investigaciones muestran que la sensación embriagadora que disfrutamos durante la fase de la luna de miel de una relación llega a nosotros por cortesía de un químico natural en el cerebro llamado dopamina. Su efecto en nuestro cerebro es similar al de la heroína y la cocaína. Las drogas que artificialmente elevan los niveles de dopamina nos ponen en riesgo de adicción. También causan terribles síntomas de abstinencia al dejarlas. ¿Suena familiar?

Al igual que la euforia de las drogas, la fase de la luna de miel tarde o temprano desaparecerá, lo cual ocurre generalmente alrededor de los seis meses. Una persona en la relación de pronto empieza a ver fallas en su pareja que no había notado antes. Dado que eso coincide con una sensación de disminución del placer generado por la dopamina, él o ella piensa: "Ya no estoy enamorado o enamorada de esta persona; la emoción desapareció, así que esta no puede ser la pareja adecuada". Pero podría ser un error que rompan, ya que mantenerse en la relación podría permitir que se desarrolle un amor más profundo. El problema no es tu pareja, sino más bien tu concepto irreal de cómo él o ella debía ser o hasta cómo deberían ser ustedes como pareja. Al principio de una relación, la mayoría de las personas tiende a dejar de enfatizar lo negativo y a enfatizar demasiado lo positivo. Este desequilibrio conduce al reequilibrio. Los sentimientos negativos empiezan a anular los positivos. Tu enfoque se vuelve que cambies de pareja... excepto que la persona que necesita cambiar eres tú.

Cuando nuestra pareja no es exactamente la persona con quien nos imaginábamos estar a largo plazo, tenemos un pie dentro de la relación y otro pie afuera. Así que, naturalmente, cuando nuestra ilusión se rompe creamos otra. Esto por lo general suena así: si permanezco en mi relación actual, estoy cerrando la puerta al potencial amor de mi vida, que seguramente está esperando entre bastidores. Esta es otra faceta de la versión del ego sobre el amor y te impide mejorarte a ti mismo y mejorar tu relación.

Cuando surja el remordimiento del comprador, recuerda esta simple verdad: si alguien tiene que cambiar, probablemente seas tú. Aunque sea importante encontrar a la pareja correcta, es más importante ser la pareja correcta.

### ¿Te gustaría estar casado contigo mismo?

# La ilusión de todas las ilusiones

Vivir en una ilusión preciada es muy común porque dependemos mucho de nuestros cinco sentidos, pero también estamos limitados por ellos. El viejo adagio es: "Ver para creer", pero todos sabemos que las cosas en la vida con frecuencia son lo opuesto de lo que parecen ser. Creer para ver, no al revés.

PRINCIPIO KABBALÍSTICO:

Vivimos en dos realidades: el mundo material del 1 %, creado por la ilusión de nuestros cinco sentidos, y la dimensión del 99 % que está más allá de nuestros cinco sentidos.

· · · · · · · ·

De acuerdo con la Kabbalah, el mundo material representa el 1 % de la realidad. El 1 % es el ámbito en donde somos reactivos, solo tenemos alegría o satisfacción temporal y a menudo actuamos como víctimas de nuestras circunstancias. Es un mundo de altibajos. Fomenta una mentalidad en la que intentamos alcanzar objetivos externos.

El ámbito del 99 %, por otra parte, está más allá de lo que podemos percibir. Es el ámbito espiritual, en el que podemos hacer un cambio positivo y duradero que luego transformará nuestro mundo del 1 %. Cuando estamos conectados al 99 %, la Luz fluye continuamente hacia nosotros y vivimos en constante plenitud. En el ámbito del 99 % somos la causa, y en el 1 % somos el efecto.

<u>"Nuestros sentidos son instrumentos que nos hacen incapaces de entender lo que está alrededor de nosotros. Lo que los ojos ven es muy poco de lo que existe. Nuestra mente comprende el 1 % de nuestra psique; nuestra conciencia está limitada a ese 1 % de realidad ilusoria".</u> —Rav Berg

Ver no es creer. Por ejemplo, sabemos que partículas atómicas infinitamente pequeñas contienen vastas fuentes de energía. Ejemplos perfectos del ámbito del 1 % son la electricidad, la Internet, la gravedad y las señales de Wi-Fi. Aunque no podamos verlos, olerlos o tocarlos, confiamos en que existen. No necesitamos creer en ellos porque percibimos su funcionamiento. El ámbito del 99 % es uno de orden y acción en vez de reacción. Es el origen de todo lo que se manifiesta en el ámbito del 1 %. Con la conciencia de que estás recibiendo el 1 % de la información que te rodea, resulta difícil tomarse en serio lo que ves. En esos momentos en los que las cosas te alteran, si eres capaz de decir: "Todo esto es una ilusión", entonces has empezado el proceso de ver la verdad.

Estoy agradecida por no haber encontrado a una pareja que satisficiera las preciadas ilusiones de mi yo más joven y menos espiritual. Un error que las personas cometen es que se concentran en lo que pueden ver, como la habilidad atlética, ser un buen bailarín o saber vestir. No se concentran en los rasgos conectados con el ámbito espiritual del 99 %, tales como la generosidad, la bondad, la compasión y la consideración; al menos no al principio. Tienden a enfocarse en rasgos conectados con el ámbito material del 1 % como la belleza, la riqueza y el poder. En ese momento estos nos parecen más importantes porque son los más obvios, que es precisamente por lo que no pueden ser confiables. Porque somos seres viscerales, que muy a menudo estamos limitados por nuestros cinco sentidos y terminamos estando con alguien que nos satisfaga solo a corto plazo. Para encontrar a la persona adecuada, primero debemos volvernos una persona capaz de "ver" el ámbito del 99 %.

Tengo una amiga de la infancia que, aunque es una persona muy cariñosa, se enoja rápidamente. Cada vez que su enojo crónico estallaba, en vez de aprender herramientas sobre cómo transformar su enojo o trabajar en él, recurría a las fantasías de su vida futura con un hombre que le quitara el dolor y nunca la haría enojar. Muchas veces la escuché decir las palabras: "Solo deseo encontrar a esa persona que me ame incondicionalmente. Una vez que lo encuentre, voy a ser feliz". Ella creía esto y con el tiempo encontró alguien que la amó profundamente. La aceptó con todo y sus enojos. Claro que, por supuesto, él no era perfecto. Cada uno tiene su carga, y él llegó con mucha; a saber: una historia de altibajos financieros. Pero aún después conocer la historia de él, mi amiga dijo: "No me importa si tiene dinero o si está quebrado, siempre y cuando me ame incondicionalmente".

Quince años después, ella y su esposo todavía están juntos (y su esposo todavía está profundamente enamorado de ella), pero el enojo aún desempeña un papel significativo en la vida de ella. No obstante, han cambiado las razones para su enojo. Ella se enoja por cosas que ella no sabía que valoraba cuando era más joven porque sus ilusiones de romance interfirieron. Sí, ella encontró el amor incondicional, pero ahora valora la estabilidad, tanto financiera como emocional de igual manera.

Este es un ejemplo perfecto de lo que ocurre cuando nuestras ilusiones se desvanecen. Mi amiga creía que el amor de un hombre reemplazaría sus enojos con una sensación de paz y estabilidad. Todo su enojo y las inseguridades que estaban antes no desaparecieron. Ella deseaba que alguien la amara tal y como ella era en vez de trabajar en sus defectos y problemas con la ira. Esos problemas son su responsabilidad y solamente de ella. Simplemente no es justo hacer a los demás responsables de nuestra felicidad. Es la configuración definitiva para el fracaso. De ese modo, el enojo de mi amiga continúa porque las áreas que ignoramos solo van a empeorar.

Una vez estaba trabajando con una estudiante que pensaba divorciarse. Cuanto más me contaba de su relación, más me desconcertaba. Me dijo que quería salir del matrimonio, pero al mismo tiempo mencionó que ella y su esposo acababan de comprar una casa, esperaban otro hijo y estaban construyendo una vida juntos. Aunque sus palabras estaban diciendo que quería salir, todas sus acciones indicaban que quería quedarse. Llegamos a la conclusión de que, en parte, ella todavía medía su relación contra las expectativas que siempre tuvo del matrimonio (su ilusión). Por lo tanto, estaba teniendo dificultades para aceptar la realidad de cómo era su vida realmente. A pesar de ser feliz con su marido, ella todavía se aferraba a su ideal irreal.

Disipar una ilusión puede ser muy sencillo. Cuando te sientes insatisfecho, o te encuentras culpando a tu pareja porque tus necesidades no han sido satisfechas, este es el momento de preguntarte: "¿Qué pensaba que me iba a traer el matrimonio? ¿Era una expectativa realista?".

Podrías preguntar: ¿Qué queda en una relación una vez que disipamos las ilusiones? La respuesta es diferente para todos. Si la relación estuvo basada principalmente en una ilusión, entonces, una vez que la ilusión se rompe, lo que te queda son pedazos rotos. Si hay muchos aspectos positivos en la relación, entonces, una vez que tengas menos expectativas irreales, podrás tener una relación más fuerte con tu pareja.

Capítulo once

# Suficientemente bueno no es suficientemente bueno

*"No hay pasión en jugar pequeño; en conformarse con una vida que es menos de la que eres capaz de vivir".* —Nelson Mandela [39]

· · · · · · · ·

Los compromisos a medias nos hacen sentir emocionalmente agotados y nos dejan en un estado que yo llamo "el casi". Es un estado en el que todos hemos estado antes: una tierra de lo suficientemente bueno, lo suficientemente cerca y el "ay, es que es muy cómodo". Muchos de nosotros estamos viviendo en "el casi" en algún área de nuestra vida, pero nunca seremos felices en nuestras relaciones o nuestras vidas hasta que estemos comprometidos con nuestro propósito único. Cuando nos comprometemos con las cosas equivocadas o no nos comprometemos a nada, nos encontramos en nuestro propio "casi", viviendo sin ninguna presión para esforzarnos en trabajar por algo mejor. Si vas a entrenar para un maratón, te estás comprometiendo para correr todos los 42 kilómetros. En el kilómetro 40 no vas a decir: "Esto ya es bastante bueno. Creo que me detendré". No invertiste todo ese tiempo y esfuerzo para que casi pudieras terminar. Así que ¿por qué, cuando se trata de las relaciones, somos tan rápidos para conformarnos?

"El corazón de las personas desorientadas es 'casi'". —Rey Salomón

Gabby es una exitosa mujer, brillante y hermosa en la década de sus treinta. Sin embargo, cuando hablamos del hombre con el que está saliendo, de pronto suena como una persona diferente. Parece dudar de hacia dónde va e insegura de lo que quiere. No desea avanzar las cosas con su novio, pero no se decide a dejarlo. Cuando le pregunté qué tenían en común, Gabby dijo: "Es una persona agradable; de verdad está tratando de que la relación funcione y coincidimos en cuanto a nuestra fe". Pensé que eso sonaba genial, así que le pregunté qué era lo que no estaba funcionando. Ella dijo: "Él todavía vive con sus padres, no puede mantenerse a sí mismo y, cuando trabaja, es usualmente en algo que yo le he conseguido". Gabby está en el "casi". Algunas cosas se alinean, el resto es decepcionante, pero tal vez las cosas se enderezarán en algún lugar del camino.

Después de indagar un poco más, encontramos que una gran razón por la que Gabby continúa en esta relación es porque ella se nutre al sentirse necesitada. Gabby no cree que vaya a encontrar a alguien mejor, y si lo hace, ¿él la necesitaría tanto? Ella está buscando que su relación le dé algo que solamente ella se puede dar: el conocimiento de que es digna y amada. Esperar que un compañero cubra las necesidades que solamente tú mismo puedes cubrir, es el principio de conformarse, de vivir en el "casi".

## PRINCIPIO KABBALÍSTICO:

Para salir del "casi", tienes que erradicar el "suficientemente bueno" y "suficientemente cerca".

........

Jennie y Tom se conocieron en la escuela secundaria. Él era cuatro años mayor que ella, popular y muy apuesto. De todas las muchachas que él podía haber escogido, y había muchas, la escogió a ella. Jennie continuó siendo su novia aun cuando ella se fue a la universidad y él no. Tom no tenía grandes aspiraciones para sí mismo ni esperaba mucho de ella, lo cual representaba una enorme diferencia con la familia en que ella creció. Jennie había sentido presión constante de sus exitosos padres y dos hermanos mayores con grandes logros. Su esposo le ofrecía un bienvenido alivio de esa intensidad. Él le dio la aceptación incondicional y el apoyo que le faltó en su casa. No importaba que fuera un drogadicto funcional.

A medida que los años pasaron, Jennie empezó inevitablemente a sentir una nueva clase de presión. Ella ahora sostenía el hogar, que incluía a Tom, un hijo y el creciente problema de las drogas de Tom. Ella finalmente puso un alto al dinero que él estaba gastando en drogas y dejó de financiarlo. Desesperado, Tom colocó una cámara escondida en el baño, filmaba a Jennie duchándose y vendía los videos por Internet para pagar su adicción a las drogas. El horror que ella sintió cuando lo descubrió finalmente la despertó. Este es un ejemplo extremo, pero ilustra un punto importante: pasar por alto problemas obvios y conformarse con menos de lo que deseamos tendrá consecuencias en el futuro.

## ¿Por qué nos conformamos?

Podemos convencernos de algo o de lo contrario con casi cualquier cosa. Una estrategia popular es convencernos a nosotros mismos de que somos felices con la forma en que están las cosas. Se parece a esto:

- *"Esta no es la relación que yo quería, pero es un buen tipo y me ama"*.

- *"Este no es el empleo que realmente deseaba, pero soy afortunada de tener uno"*.

- *"Todo está bien. ¿Por qué tienen que cambiar las cosas?"*

Aunque sabemos que no somos verdaderamente felices, por lo menos somos lo suficientemente felices. ¿Correcto? Tristemente, no. Este es el mantra de alguien que se está conformando. Conformarse solo conduce a un lugar, un lugar donde tarde o temprano nos volvemos tan miserables que somos obligados a cambiar. Mientras más te quedas en este lugar, más difícil es salir de él. Cuando te conformas, siempre renuncias a más de lo que creías.

Si escoges a una pareja con la que sientes que te estás conformando, entonces probablemente no la ves como tu igual, lo cual abrirá una serie de problemas más adelante. Elegir conformarse normalmente está basado en un temor a estar solo o en una creencia de que no mereces algo mejor. A corto plazo, esto puede calmar algunos temores y disipar la soledad, pero a largo plazo, terminan resentidos y castigando a sus desventuradas parejas. Nadie se beneficia de conformarse. El resentimiento es un tema común entre las personas que se casaron con sus parejas porque estaban jugando a lo seguro. Cuando te conformas, te privas de la relación que mereces y también privas a tu pareja.

## Así que puede que te hayas conformado. ¿Ahora qué?

En las relaciones, si alguien se ha conformado, no hay incentivo para desear más y, como resultado, abunda el estancamiento. Estás profundamente en el "casi", y para poder salir debes reconocer lo que realmente quieres y luego tomar medidas para ir tras ello. En los momentos en que te encuentras haciendo concesiones, recuerda que ese no es el camino a ninguna forma de plenitud verdadera.

**Hay un tiempo para hacer concesiones, pero nunca debes negociar tus creencias y ciertamente tampoco sacrificar el amor que mereces.**

Requiere valor mirar el estado de tu realidad, sea buena o mala. Si hay algo en tu relación que no funciona para ti ahora, ¡entiende que nunca funcionará para ti! Lo que ahora te resulta apenas tolerable será insoportable en diez a quince años.

Con frecuencia escucho a mujeres que me dicen que desean desesperadamente dejar a sus maridos pero que es imposible por una larga lista de razones. Tienen hijos pequeños y su esposo es el sostén principal del hogar, tienen miedo, a dónde irán, etc. Esta situación no es exclusiva de las mujeres. Algunos hombres se casan por dinero y dejar a su esposa significaría un enorme cambio en su estilo de vida. El miedo a lo desconocido o a una situación menos cómoda se vuelve la razón para permanecer en la relación, que es un desastre garantizado. No caigas en la trampa: toma los pasos para mejorar tu situación o para salirte de ella. Sí, puede dar miedo, pero recuerda que la valentía no significa la ausencia de miedo: significa actuar a pesar de este. Vivir valientemente te permite hacer los cambios ahora.

"Encuentra alegría en todo lo que escojas hacer. Cada ocupación, relación, hogar. Es tu responsabilidad amarlo o cambiarlo".
—Chuck Palahniuk[40]

## El huésped inesperado

En su libro *El secreto*, mi esposo Michael compartió la siguiente historia que ilustra demasiado bien las consecuencias de conformarse:

Hace cientos de años, en algún lugar de Europa Oriental, vivía una pareja pobre. El hogar de Yosef y Rebeca era casi una choza, y su única posesión era una vaca flaca de cuya leche se alimentaban y obtenían una vida precaria. Una tarde oyó que tocaban a la puerta y cuando la abrió, parado frente a él, estaba el hombre ampliamente reconocido como el más grande kabbalista en el mundo, el Baal Shem Tov. Estaba acompañado por varios de sus estudiantes, quienes estaban respetuosamente parados detrás de él.

"Hemos viajado todo el día, ¿podemos acompañarlos a cenar?", preguntó el Baal Shem Tov.

"Por supuesto", dijo Yosef, permitiéndoles entrar. Rebeca estaba asombrada y un poco intimidada por la aparición repentina del gran kabbalista y sus estudiantes.

"Pues muy bien" dijo el Baal Shem Tov, mirando alrededor. "Pero debo decirle que mis estudiantes y yo estamos hambrientos después de nuestros viajes. Nos gustarían unos buenos cortes de carne, vegetales frescos y, por supuesto, algo de buen vino. Puedes albergarnos, ¿cierto?".

Yosef dudó antes de asentir con entusiasmo: "Oh, sí", dijo. "Es un gran honor para nosotros; permítame hablar con mi esposa por un momento...".

Él y Rebeca se retiraron a un rincón de la habitación. "¿Qué vamos a hacer?", preguntó Rebeca ansiosamente. "¿Cómo vamos a darles de comer? No tenemos carne ni vegetales frescos, ¡y el vino que bebemos no es digno del Baal Shem Tov!". Yosef pensó por un momento. Luego dijo: "Solo hay una cosa por hacer. Tendré que vender la vaca para comprar comida. ¡No hay tiempo que perder!".

En una hora, Yosef regresó con los ingredientes para la comida que el Baal Shem Tov había pedido y Rebeca se apresuró a prepararla. Cuando el gran kabbalista empezó a comer, Yosef y Rebeca se sorprendieron de su capacidad para consumir la comida y la bebida. Tan pronto como terminaba un plato, inmediatamente pedía más. ¡Era un barril sin fondo! Hasta sus estudiantes estaban sorprendidos, ya que nunca habían visto al Baal Shem Tov comer de esa manera. Por lo general, comía modestamente y se aseguraba de que aquellos a su alrededor fueran atendidos primero. Era como si el Baal Shem Tov estuviera tratando de arrasar con todo lo que tenía esta pareja.

Después de comer el último bocado, el gran hombre apartó la silla de la mesa y se puso de pie. "¡Eso estuvo delicioso! Muchas gracias", dijo. "Ahora tenemos energías renovadas y podemos continuar nuestro camino, así que seguiremos en marcha".

Cuando la puerta se cerró detrás de los visitantes, Rebeca dijo: "Ahora de verdad no tenemos nada, ¡ni siquiera esa vaca flaca! ¿Qué vamos a hacer Yosef? ¡Vamos a morir de hambre!".

Incapaz de soportar ver a su esposa llorando y sin tener idea de qué hacer, Yosef abrió la puerta y salió al aire frío de la noche. Pronto se encontró vagando por el bosque. ¿Cómo iba a resolver este terrible problema? Cayó de rodillas y empezó a rezar. Desde el fondo de su corazón, pidió todas las cosas que nunca tuvo; no solo para sí mismo, sino para su sufrida esposa que se había sacrificado tanto a lo largo de los años.

Y justo entonces Yosef oyó un susurro entre las ramas detrás de él, y cuando abrió los ojos vio a alguien tambaleándose hacia él. Era un anciano, bien vestido pero desaliñado, quien obviamente había estado bebiendo. Cuando se miraron a los ojos, los del anciano brillaron de felicidad. "Estoy muy contento de que haya alguien aquí", dijo, arrastrando sus palabras. "No deseo morir solo".

"¿Morir?", dijo Yosef poniéndose de pie. "No va a morir. Simplemente ha bebido demasiado".

Pero cuando Yosef se acercó para estabilizarlo, el anciano se derrumbó al suelo. Cuando Yosef se arrodilló junto a él, el hombre contó una triste y dolorosa historia. Era muy rico, pero no tenía familia ni amigos con quienes compartir su buena fortuna.

"Lamento sus problemas, amigo", respondió Yosef. "Pero hace frío aquí y necesita un lugar tibio para descansar. Ven a casa conmigo y mi esposa, y lo cuidaré".

El anciano sacudió la cabeza. "Es demasiado tarde para eso", dijo. "Pero has sido tan amable conmigo sin buscar nada a cambio. No recuerdo la última vez que eso pasó, y me gustaría compensar tu bondad. Ten, toma esto".

Pero cuando intentó meter la mano en el bolsillo de su abrigo, empezó a toser. Luego su cara se oscureció, sus ojos se pusieron en blanco y emitió un largo estertor. Yosef se agachó rápidamente para ayudarlo, pero el hombre había fallecido. Con curiosidad acerca de lo que el hombre estaba tratando de darle, delicadamente metió la mano en su bolsillo y encontró un mapa. Cuando regresó al día siguiente, siguió el mapa hasta lo profundo del bosque donde descubrió enterrado un tesoro que superaba cualquier cosa que hubiera imaginado.

Cinco años después de ese día, el Baal Shem Tov y sus estudiantes viajaban por el camino cuando un lujoso carruaje los pasó yendo en la dirección contraria. Cuando los estudiantes miraron por su ventanilla, se sorprendieron de ver a Yosef, el hombre pobre que había luchado para ofrecerles la cena años antes. Junto a él viajaba su esposa, y no solo se veían prósperos sino felices.

Cuando los estudiantes miraron al Baal Shem Tov en busca de una explicación, él solamente sonrió tranquilamente y dijo: "El destino de Yosef siempre fue estar alegre y pleno, pero nunca pensó en pedir nada más que lo que tenía. Se habría conformado con pasar el resto de su vida ganando a duras penas un sustento de su única vaca flaca. Es por eso que tenía que ayudarlo a deshacerse de ella". Para recibir todas las bendiciones que están destinadas para nosotros, necesitamos creer que somos merecedores y no conformarnos con menos. Cuando nos conformamos, dejamos de preguntar: "¿Qué deseo?". No estamos destinados a estarnos quietos, sin importar cuán cómodo o incómodo sea. Para correlacionar esto con nuestras vidas actuales, la vaca sería una relación mediocre.

Pregúntate cómo podrías estar estancado en el "casi" en algún área de tu vida, sea en tu relación, tu empleo o tu familia. Busca lugares donde las cosas no sean tan buenas, pero tampoco terribles, áreas que son solo "suficiente". ¿Qué puedes hacer para hacerte sentir incómodo, no en vano sino para crear la relación que deseas?

Capítulo doce

# Distinguir entre realidad y ficción

Un amigo nuestro que no veíamos con mucha frecuencia nos acompañó a Michael y mí para cenar, cuando nuestro segundo hijo, Josh, surgió en la conversación. Michael y yo habíamos estado hablando acerca de mudarnos a Nueva York y estábamos explicando que el cambio sería complicado por el apoyo adicional que Josh necesita en términos de terapia y asistencia en general. Nuestro amigo, que ha conocido a Josh desde su nacimiento, preguntó: "¿Qué quieren decir? ¿Por qué Josh necesitaría terapia?". Le respondí: "Tú sabes que tiene síndrome de Down". Nuestro amigo se quedó con la boca abierta. No tenía idea.

Después de una pausa breve, dijo: "Simplemente no se les nota".

Este fue el mayor cumplido que pudo habernos dado. ¿Por qué? Porque cuando las cosas suceden en nuestra vida, tienden a notársenos físicamente. Llevamos las emociones en la cara y en el cuerpo. Sentimientos de traición, resentimiento y tristeza se vuelven las líneas de nuestro rostro, el fundamento de nuestra identidad y, en definitiva, la energía con la que nos expresamos. Nos volvemos el personaje que hemos escogido en cualquier tragedia, comedia o drama en que hemos aceptado participar. Pero ese no siempre es el caso. Michael y yo no actuamos como si tuviéramos un hijo con una discapacidad ni lo tratamos como si la tuviera. De ninguna manera nos sentimos como víctimas; tan solo vemos a nuestro hijo.

La buena noticia es que no tienes que ponerte ningún traje que no te quieras poner. La manera en que elijas mirar lo que te sucede determina tu felicidad. Y las cosas sucederán. Como escojas experimentarlas es lo que importa. Así es como empezamos a aceptar lo que es. Y comenzamos a experimentar la vida como estamos destinados a vivirla.

# Las historias que nos contamos

"Aquéllos que no tienen poder sobre las historias que dominan sus vidas, el poder para recontarlas, repensarlas, deconstruirlas, bromear acerca de ellas y cambiarlas según cambian los tiempos, verdaderamente son débiles, porque no pueden tener nuevos pensamientos".
—Salman Rushdie [41]

Las historias son un aspecto esencial de toda cultura. Disfrutamos el teatro, acurrucarnos con un buen libro, ir a un musical, el ballet o la ópera. No importa el medio, cualquier obra de arte narra una historia. Owen Flanagan, un investigador líder de la conciencia, escribe que "la evidencia sugiere contundentemente que los humanos en todas las culturas llegan a proyectar su propia identidad en alguna forma de narrativa. Somos narradores empedernidos".[42]

Está en nuestra naturaleza contar historias y nos complace oírlas, pero algunas veces las historias en nuestra cabeza —incluso aquellas de las que no somos conscientes— crean una desconexión nociva entre nosotros y las personas que más nos importan.

## PRINCIPIO KABBALÍSTICO:

El Zóhar explica que lo que creemos que vemos no siempre es lo que es. No podemos percibir lo que está sucediendo en un solo momento si todo lo que estamos tomando en cuenta es el presente.

........

No existe un libro de reglas para la vida, así que nosotros creamos nuestras propias reglas e historias basadas en lo que vemos, tanto bueno como malo. La señora que se te atravesó en el tráfico (¡bruja!); el empleado del estacionamiento que siempre te da el peor lugar (*¡ogro!*); el jefe que te da demasiado trabajo (*¡monstruo de seis ojos!*). En cierto punto, todos somos culpables de contar historias porque esto nos da una falsa sensación de control y nos impide apropiarnos de nuestro poder. Pensar: "Mi jefe es un monstruo" es una excusa más fácil sobre por qué no te gusta tu empleo que tener una verdadera conversación constructiva en la cual tratar tus necesidades y problemas. Algunas historias nos sirven y otras no, pero una vez que nos damos cuenta de que estamos creando estas historias, estamos en una posición mejor para separar los hechos de la ficción. Si dices algo suficientes veces, empezarás a creerlo. El ascenso de Hitler al poder y su creencia torcida en un acervo genético "puro" no era más que una historia, un cuento que es un ejemplo perfecto de las consecuencias terribles de las historias y un testimonio de su poder.

Los siguientes son ejemplos de historias negativas que nos impiden crear el cambio real que anhelamos:

- *"Mi esposo tuvo una aventura amorosa. Me voy a divorciar de él, y luego nunca voy a encontrar el amor otra vez"*. Crea la historia: Soy imposible de amar.

- *"Mi madre quería más a mi hermana"*. Crea la historia: No merezco el amor como lo merecen los demás.

- *"Fui humillado por mi maestro, repetidamente, delante de toda la clase durante todo el quinto grado"*. Crea la historia: Soy estúpido. En todo momento que me exponga, voy a ser humillado.

Creamos ficción en vez de relatar hechos a fin de no tener que enfrentar circunstancias y emociones difíciles. Aquí está un ejemplo de cómo se puede comparar un hecho con la historia en una relación:

**HECHO – "Mi pareja está siendo distante".**
**HISTORIA – "Se acabó mi matrimonio".**

Decir que tu matrimonio se acabó en vez de poner atención en por qué tu pareja está distante es quizá una alternativa menos dolorosa que conocer cuál es el problema real. Hasta podría sentirse que es más fácil que tener que hacer el trabajo de arreglarlo; al menos por el momento. Es difícil descifrarlo al principio, pero una vez que lo haces, serás capaz de hacer un cambio real y duradero porque no puedes reescribir una historia sin sanar viejos patrones y conductas.

Tus experiencias pasadas son almacenadas en tu memoria como películas, cada una con su propio reparto estelar de héroes y villanos, quizá uno o dos intereses amorosos no muy adecuados y, finalmente, "la persona indicada". Pueden ser dramas, comedias, suspenso y tal vez incluso películas de terror. Yo sé que he tenido experiencia de todas ellas. Subconscientemente hacemos todo lo que podemos para sustentar la historia que se reproduce en nuestra cabeza. Encontramos e incluimos coprotagonistas y reconstruimos el final que necesitamos para sustentar nuestras creencias e inseguridades. Pronto tenemos asientos en primera fila para una gran película.

Hablando de géneros, ¿has notado que las comedias románticas usualmente terminan con una boda, mientras que los dramas típicamente comienzan con una pareja casada? Podemos comparar nuestras vidas con lo que vemos en la cultura popular, pero el problema es que no obtenemos un guion. No sabemos en qué género estamos y no tenemos una trama establecida que nos ayude a encontrar nuestro camino a lo largo de los desafíos. Aunque tendemos a vivir guiones que creemos que han sido escritos para nosotros, en realidad somos los guionistas. Nosotros escribimos nuestra propia narrativa. Esta es una buena noticia porque significa que podemos reescribirla en cualquier momento. Como tal, esta es la responsabilidad que debemos asumir: reescribir nuestros guiones a través de cambiar nuestra conciencia. Los pensamientos son solo pensamientos y pueden ser cambiados. Como dijo el Kabbalista Rav Berg: "La conciencia lo es todo". Nuestros pensamientos determinan lo que es.

# Reescribir el guion

"Fallar es parte del proceso del éxito. Las personas que evitan fallar también evitan el éxito". — Robert Kiyosaki [43]

Una mujer creció en la región central de EE. UU., rodeada por hombres que raras veces expresaban un rango completo de emociones. Enojo, desde luego, pero no sensibilidad, ansiedad o vulnerabilidad. Ella pasó toda su soltería creyendo que los hombres simplemente no estaban conectados con sus sentimientos. Encontraba consuelo en la actitud estoica de los miembros de su familia y de los hombres que ella conocía, igualando esto a seguridad, confianza y fuerza. Después de salir con esta clase de hombres durante años, empezó a encontrar fallos en su trama. No pudo encontrar satisfacción en estas relaciones y nunca supo en qué lugar se encontraba con respecto a ellos porque estos hombres no eran emotivos. Ella confundió familiaridad con seguridad y descubrió que se estaba sintiendo exactamente al contrario: desprotegida. Una vez que se dio cuenta de cómo estaba buscando el arquetipo incorrecto, hizo un esfuerzo consciente por abrirse a hombres que eran lo opuesto a los de su historia. Ahora está en su tercer año de matrimonio con un hombre muy abierto emocionalmente y seguro.

Cuando escojas pasar el resto de tu vida con alguien, asegúrate de que conozca los puntos clave de tu película, al menos como tú los entiendes, y asegúrate de familiarizarte con sus puntos clave. Las historias de nuestra vida contienen algunos datos críticos. Al compartirlos, estás liberando los pensamientos y sentimientos falsos o imaginarios que tienes acerca de tus experiencias de vida.

Si, por ejemplo, alguien perdió a su madre a muy temprana edad, puede creer que el amor es fugaz y que, si bien puede enamorarse, el amor no durará para siempre. Con historias como esta en nuestra cabeza, podemos terminar alejando el amor o poniendo a nuestras parejas en situaciones insostenibles solo para demostrar que nuestras historias son correctas.

Una vez que escoges a la persona con quien deseas pasar el resto de tu vida, no te servirá permitir que solamente vea algunos aspectos de tu psique. Este no es un proceso fácil, pero es necesario. Para ser vulnerables el uno con el otro, debemos ser abiertos, sinceros y aceptarnos a nosotros mismos, o si no nunca lograremos la verdadera intimidad. Hay momentos en que lamentamos las decisiones que hemos tomado y podríamos experimentar sentimientos de autodesprecio.

Entonces podríamos comenzar a ocultar aspectos de nuestro pasado y personalidad, y esto puede ser perjudicial.

Durante una sesión de asesoramiento prematrimonial con una pareja dos meses antes de su gran día, el novio reveló que había tenido grandes dudas acerca de casarse. Sentía que necesitaba espacio de su prometida y quería pasar más tiempo solo. Él tenía miedo de decirle esto a ella porque no quería lastimar sus sentimientos y también porque sentía que ella no lo entendería. Había creado una película donde ella no era la indicada para él, y él no estaba listo para casarse.

Su deseo de no herir los sentimientos de ella lo llevó a no compartir los suyos. Esto creó una brecha entre ellos, dejándolo sintiéndose lo suficientemente distante como para preguntarse si debía casarse. Lo animé a que le contara a ella cómo se sentía para que ella pudiera ser parte de su proceso. Era incómodo y potencialmente dañino, pero en este punto, ¿qué tenía él que perder? Aunque para ella fue duro escucharlo, una vez que él comenzó a compartir sus sentimientos más íntimos, para ambos fue evidente que los sentimientos claustrofóbicos que él estaba teniendo se basaban en sus propios problemas de intimidad y no tenían nada que ver con ella; problemas de intimidad que seguramente habrían aparecido temprano en su matrimonio. Me alegra decir que ambos llegaron hasta el altar, él con una conciencia clara y ella con un corazón abierto. Su intercambio sincero preparó el camino para transitar con éxito las conversaciones difíciles que inevitablemente surgen en el matrimonio.

Con frecuencia me preguntan: "¿Cuán vulnerable debo ser realmente en mi relación? ¿Cuánto necesito revelar a mi pareja?". Mi respuesta: "¡Dile todo!". Suelo recibir una mirada de sorpresa e incredulidad. Los secretos y las mentiras tienen el hábito de criar más secretos y mentiras que tienen un efecto terrible en la intimidad. La alternativa es la transparencia total. Es más limpia, simple y su derivado es la confianza. Los problemas no surgen porque desconocemos la historia de nuestra pareja o su pasado, sino porque no somos conscientes de las historias en nuestra propia mente.

Kara y Saúl eran una pareja modelo; todos sus amigos los veían como ejemplo radiante de un matrimonio feliz. Habían estado casados durante ocho años cuando Kara inesperadamente quedó embarazada de su tercer hijo, apenas tres meses después del nacimiento de su segundo hijo. La llegada del tercer hijo arrojó a una vida familiar ya agitada a una tempestad. Ahora tenían un pequeño de seis años, un bebé de un año y un nuevo bebé que resultó ser alérgico a casi todo, y como tal, constantemente inquieto y llorando, cubierto a menudo de erupciones y plagado con gases y problemas digestivos. Kara, que estaba amamantando, seguía una dieta restringida porque, si comía alimentos fuera de una lista muy corta, el bebé se enfermaba.

De más está decir que este fue un momento difícil para Kara y Saúl como pareja. Estaban agotados, frustrados, preocupados por la salud de su hijo y, para aumentar la tensión, dejaron de tener intimidad; emocional y físicamente. Siempre habían honrado las noches de citas semanales, usualmente salían a algún restaurante para relajarse y volver a conectarse. Pero ahora Kara no podía comer fuera y ambos se negaban a dejar a una niñera con un bebé con cólicos. Kara estaba tan ocupada con los niños que no tenía más energía para Saúl, por lo que solo era periféricamente consciente de que él se había alejado continuamente de ella. Ella empezó a crear una historia en su cabeza en donde no veía a Saúl como pareja, sino a un espectador egoísta, distante e indiferente.

Saúl tenía su propia historia elaborada, que culpaba a Kara de todos sus infortunios porque, después de todo, en su mente, ella era la irresponsable por quedar embarazada otra vez (a pesar de que ella había estado usando un método anticonceptivo). Fue en este momento que Saúl se volvió a conectar en Facebook con una vieja amiga de la escuela que se había divorciado recientemente. Saúl se encontró esperando sus mensajes, revisándolos varias veces al día. Él sabía que esto no era correcto, pero cuando imaginó hablar con Kara al respecto, pudo imaginarse la reacción de su esposa: "¡¿Cómo te atreves?! Estoy despierta toda la noche con este bebé, cuidando a tus otros dos hijos; no puedo comer ninguna de las cosas que me gustan, ¿y tienes el atrevimiento de pretender que flirtear con una chica de la secundaria de alguna manera es mi culpa? Ese es tu problema. ¡Entra en razón!".

Él no estaba preparado para tener esta conversación y, en cambio, se convenció de que nada estaba sucediendo realmente. Pero algo estaba sucediendo. Ahora Saúl tenía un secreto, y un secreto es el primer paso a la traición. La infidelidad emocional de Saúl se convirtió en algo físico. Estaba tan avergonzado que finalmente se lo confesó a Kara. A través de largas pláticas y mucho esfuerzo, Saúl y Kara fueron capaces de reconstruir su matrimonio, pero no todas las parejas tienen tanta suerte. Ambos crearon historias de víctimas, donde cada uno culpaba al otro por el estado de sus vidas. La infidelidad, en su caso, fue una llamada de atención que les mostró cuánto se había interpuesto entre ellos, cómo habían perdido su amistad y ya no eran una prioridad el uno para el otro.

Prometieron que siempre revelarían sus sentimientos sin importar las circunstancias y no tendrían temor de las consecuencias percibidas. Ahora saben el daño de guardarse las cosas. Saúl no era una persona distante poco solidaria; estaba atravesando un momento estresante al igual que ella. Kara no era una persona irresponsable, y algunas veces sucede que las cosas están fuera de nuestro control. Si hubieran acudido el uno hacia el otro desde el principio, las historias en sus cabezas quizá no habrían llegado tan lejos. Pero como resultó, la dificultad que sufrieron finalmente hizo que su matrimonio sea aún más fuerte porque estuvieron de acuerdo en depender uno del otro cuando surgieran dificultades en el futuro.

Muy a menudo nos comprometemos con el papel de víctima en una situación. Pero ¿cómo superamos esto y no permitimos que nuestras penas se vuelvan nuestra historia de victimización? Por lo general, cuando estás enojado te preguntas: "¿Quién es el responsable de esto?" (muy probablemente, la respuesta eres tú). Cuando percibimos que la causa está en otra persona, entonces pensamos que la solución a ese daño también depende de otra persona y, por lo tanto, buscamos la solución fuera de nosotros mismos. Este enfoque no funciona.

Para dejar de hacer el papel de víctima en tus historias, debes estar dispuesto a asumir tus decisiones y sus consecuencias. Mientras no estés dispuesto a asumir la responsabilidad de tu vida, las historias de agravios serán una parte intrínseca de tu existencia cotidiana. Con el tiempo, podrías perder la capacidad de distinguir los hechos de la ficción. Una vez que te vuelves consciente de tus historias, puedes encontrar una nueva salida para tu creatividad.

## Momento para repensar

La próxima vez que te encuentres creando una historia, haz una pausa y pregúntate: "¿Estoy sacando conclusiones precipitadamente?". Aquí están dos pasos que te ayudarán a comenzar a desenredar tus historias y a reescribir narrativas nuevas.

Paso 1: ¿Lo que ves está basado en algo real o es parte de una creencia falsa? Pregúntate:

- ¿Estoy hablando de hechos o estoy creando una historia?
- ¿Tengo un motivo oculto para ver las cosas de esta manera?
- ¿Estoy haciendo suposiciones acerca de la conducta de alguien más?

Paso 2: No dudes en hacer preguntas a otras personas cuando necesites aclarar algo. No hay tal cosa como una pregunta tonta. Estás compilando información para que puedas ver las cosas tal como son.

- ¿Por qué dijiste eso? Estoy confundido por lo que acaba de ocurrir; quizá podrías ayudarme a aclararlo.

Nuestras historias no son más que ilusiones de control. Si bien todos deseamos tener más control sobre nuestra vida —desde encontrar la casa perfecta, hasta encontrar una buena tasa hipotecaria o encontrar el empleo soñado— la verdad es que el resultado nunca depende de nosotros realmente. Hay mucho que no vemos y que no conocemos.

Por miles de años, los kabbalistas han estado muy conscientes de cuán poco control tenemos en realidad. No controlamos cuándo somos concebidos, cuándo nacemos o cuándo morimos. Este es un entendimiento fundamental que todos tenemos. El mismo principio se aplica a todo lo que experimentamos, lo cual significa que tenemos tan poco control sobre el recorrido como el que tenemos al principio y al final. Podemos crear un negocio, pero no podemos saber si prosperará. Podemos concebir un hijo, pero no sabemos si el hijo progresará.

## No podemos controlar al mundo que nos rodea, pero podemos controlar nuestra reacción a él.

En lugar de crear historias que nos dan una falsa sensación de autoridad sobre las muchas cosas que escapan de nuestras manos, más bien podemos enfocarnos en dos cosas que podemos controlar: nuestros pensamientos y nuestras acciones.

Capítulo trece

# Todo se trata de mí, mí, mí...

"Basta de mí, ¿qué hay acerca de ti...?
¿Qué piensas TÚ de mí?".
—Bette Midler, *Beaches* [44]

. . . . . . . .

¿Por qué las personas que se aman tienen peleas dolorosas y a menudo enormemente destructivas? La respuesta está contenida en una palabra, y además una palabra corta: ego. El ego es lo que nos lleva a creer que tenemos las respuestas para los defectos que percibimos en nuestra pareja. Al ego no le gusta sentirse menospreciado y, antes de que te enteres, sentirás constantemente que tu pareja "nunca te escucha". En vez de pensar en las opiniones y las necesidades de los demás, pensamos: "No me estás haciendo feliz. No estás satisfaciendo mis necesidades". El ego nos dice que "tú estás equivocado y yo tengo la razón". Podríamos pensar que estamos en oposición a aquellos que nos rodean, cuando el enemigo real es nuestro ego.

El ego tiene muchas definiciones. En la filosofía oriental, el ego se refiere al ser, el "yo soy". Freud inicialmente entendía que el ego significa también un sentido del ser, pero luego lo revisó para referirse a esa parte de la psique involucrada en asuntos como juicio, tolerancia, control, planificación, defensa y memoria.[45] El diccionario define al ego como autoestima o importancia personal y aquello que nos da un sentido de identidad personal. El ego nos ayuda a organizar nuestros pensamientos y dar sentido al mundo que nos rodea. El ego puede trabajar para nosotros (un cumplido que nos "infle el ego" nos da ánimo y nos impulsa) o contra nosotros (un "ego herido" con frecuencia conduce a comportamiento reactivo).

## PRINCIPIO KABBALÍSTICO:

Tu enemigo real nunca es otra persona. Es tu ego.

........

El Kabbalista Rav Áshlag nos enseña que nuestro ego no está conectado a nuestra esencia verdadera sino que es un aspecto de nuestra naturaleza humana, que aprueba tratar al otro sin respeto ni dignidad humana. Nuestros egos están muy enredados en lo que pensamos, sabemos y necesitamos, y podemos sentirnos muy cómodos viendo al mundo a través de este lente que, desafortunadamente, no considera las necesidades ni sentimientos de los demás. No tiene sentido en reprendernos a nosotros mismos por ser controlados por el ego en ocasiones, pero una vez que conocemos a la bestia con la que estamos tratando, podemos encontrar maneras de domarla.

Muchas tradiciones espirituales se enfocan en desactivar el ego. La sublimación exitosa del ego es conocida como nirvana, iluminación y, kabbalísticamente, es referida como ser uno con la Luz, la fuerza de la bondad y de compartir. La gente con mentalidad espiritual tiende a asociar el ego con algo nocivo, con el narcisismo o un sentido inflado de autoestima. El ego busca defender nuestro sentido de identidad en una infinidad de maneras. En sincronía con el conocimiento de Freud, la Kabbalah identifica al ego con mecanismos de defensa como la negación, los delirios, el desplazamiento, la sobrecompensación, la proyección, la racionalización, la conducta reactiva y la represión.

El ego tiene siempre una intención oculta, y cuando esa intención no se cumple, tendemos a enojarnos y a culpar a alguien más; a menudo a nuestra pareja. A medida que avanzamos en una relación amorosa, el ego está sujeto a presentarse en formas que nos sorprenden, razón por la cual las relaciones ofrecen una oportunidad tan excelente para el crecimiento espiritual.

# Bajo la influencia (de tu ego)

El ego es muy astuto. Es experto en hacernos creer que necesitamos llevar a cabo nuestras intenciones personales obligatoria y continuamente, o sufriremos alguna gran pérdida: podría faltársenos el respeto, ser amenazados o desterrados. Estas creencias se sienten muy reales, pero el método alternativamente agresivo y temeroso que nos inspiran tales creencias no nos llevará lejos en nuestras relaciones, así que necesitamos ver más allá de las intenciones del ego. Por ejemplo, estés de acuerdo o no, aun así debes respetar a tu pareja. Cuando no concuerden en algo, tu ego intervendrá y te dirá que la otra persona está tratando de controlarte o hacerte daño. Si escuchas seriamente lo que te dice tu ego, te llevará a una conducta defensiva que solamente exacerbará una discusión.

Ciertamente, puedes ofrecer tu opinión, pero nadie tiene que aceptarla. Esto no significa que tu opinión no sea válida, pero en ese momento la otra persona simplemente podría no estar lista para oírla.

**Deben esforzarse por escucharse el uno al otro, pero entiendan que finalmente cada miembro de la pareja tiene una decisión que tomar, correcta o incorrecta; cómo reaccionan ante ello afectará a si mantienen la cordialidad en el proceso o no.**

Por mucho que desees que prevalezca tu opinión, cada uno tiene su propio proceso por atravesar. (Esto nos recuerda al viejo dicho: "Puedes tener la razón o puedes estar casado").

El mayor obstáculo para una relación exitosa, feliz y satisfactoria es el ego. El amor manejado por el ego es amor egoísta. El ego distorsiona la realidad, lo cual nos hace ver a los demás como amenazas u objetos para manipular. Cuando vivimos nuestra vida guiados por el ego, no vemos lo bueno en los demás. Mucho de lo que vemos en el 1 % es una ilusión creada por el ego.

**El ego suena así:**

- *"Yo necesito tener razón, lo cual significa que tú debes estar equivocado".*
- *"Si no estás de acuerdo, estoy justificado para enojarme o molestarme".*
- *"Siento envidia cuando alguien tiene más que yo, así que hablo mal de esa persona y me complazco en sus desgracias".*
- *"Descarto a las personas que considero insignificantes e indignas de mi tiempo y amor".*

Nadie quiere descubrir que piensa de esta manera, pero sé sincero contigo mismo, ¿cuánto esto resuena contigo?

El ego es tramposo porque a menudo está disfrazado de rectitud o discernimiento, pero podemos aprender a detectar su presencia y tomar medidas para minimizar su influencia. Nada transforma más consistentemente a una persona que sosegar a su ego. Cuando actuamos con amabilidad en vez de reaccionar ante el ego, podemos ver el mundo desde el punto de vista de la otra persona. Al hacerlo, rompemos los muros del prejuicio para descubrir que todos estamos conectados.

La unidad es el resultado de disminuir nuestro ego. En la unidad, no hay división entre las personas y podemos sentir su dolor como si fuera el nuestro. Es así como empezamos a romper el agarre del ego y a pasar del "yo" al "nosotros". Esto no es fácil. El ego es poderoso, pero reducir su influencia es una de las cosas más positivas que puedes hacer por ti mismo y tu pareja. Podríamos sentirnos satisfechos con nuestras relaciones, pero se puede tener una experiencia mucho más rica tan pronto como percibimos el mundo más allá del lente de nuestro ego.

La noche del 25 de diciembre de 1776, el general George Washington cruzó el helado río Delaware y condujo a sus tropas hacia Trenton, Nueva Jersey, donde los soldados hessianos estaban celebrando la Navidad. Habían bajado la guardia, confiando en que el asediado ejército continental no representaba una amenaza inmediata. Durante la celebración de Navidad, un espía le dio a Johann Rall, el oficial a cargo de los hessianos, una nota que revelaba que el general Washington estaba mucho más cerca de lo que pensaban. Acunado por un falso sentido de seguridad, Rall se guardó la nota en el bolsillo y continuó con la alegría navideña. Más tarde esa noche, sus tropas fueron atacadas y derrotadas decisivamente. Cuando el coronel Rall fue muerto mientras escapaba de la batalla, la nota fue encontrada sin abrir en el bolsillo de su abrigo.[46]

Esta historia es un ejemplo de la manera en que el ego nos engaña. Los egos son infames por convencernos de que conocemos la verdad, que vamos en la dirección correcta, que no necesitamos la ayuda de nadie. Muchos de nosotros dejamos que nuestro ego dirija nuestra vida, dándonos una sensación falsa de plenitud, motivación, rectitud y, peor todavía, control. Sin embargo, el ego no puede acercarte a los demás. El ego respalda un sentimiento de superioridad, lo cual crea desconexión. Uno de nuestros grandes problemas en la vida, y en las relaciones, es el hecho de que estamos muy seguros de saber lo que sabemos. Innumerables argumentos absurdos empiezan con que un miembro de la pareja "sabe" e inevitablemente continuarán porque el otro miembro "sabe" lo opuesto.

Yo sé cómo, qué, cuándo, por qué o dónde se supone que ocurrirá.

Todo este saber viene del ego. Puede partir desde la cosa más simple y mundana hasta algo de gran importancia. Por ejemplo, me despierto en la mañana, "sé" que va a ser una mañana fluida y por eso solamente calculo los veinte minutos de manejo que me toma llegar al gimnasio. Pero entonces un camión colector de la basura bloquea la calle y toma al menos diez minutos hasta que queda despejada. Naturalmente, estoy disgustada porque yo sabía cómo se supone que deben ser las cosas y esto no era parte del plan.

Veamos esto en una escala mayor. Al entrar a un matrimonio, tenemos una idea de lo que será el resto de nuestra vida. Por ejemplo: después de dos años vamos a empezar una familia, tener tres hijos saludables y vamos a ser muy felices juntos. Pero si las cosas no van de acuerdo a este plan, es muy probable que esta persona se decepcione, tal vez incluso esté devastada, porque estaba segura de saber lo que iba a suceder. Nuestras vidas están desarrolladas en base a expectativas. Cuando las cosas no funcionan como se planeó, con frecuencia culpamos a la persona más cercana a nosotros y nuestra pareja es la más afectada.

Cuando Shakespeare escribió en Macbeth: *"Es un cuento contado por un idiota, lleno de ruido y de furia, que no significa nada"*, estaba describiendo la vida, pero bien podía haberse referido al ego.

La gente a menudo se confunde en cuanto a las diferencias entre el ego y el tener certeza. El ego está asociado con una indisposición para aprender, con ser de mente cerrada, con una seguridad desenfrenada e infundada. Cuando hablo de certeza, estoy hablando de poner mi convicción absoluta en el Creador. La certeza es la conciencia de estar abierto a las posibilidades y a nuevas maneras de pensar. El ego se refiere a la rigidez, la inflexibilidad y el control.

## Certeza es confiar en el proceso de la vida; el ego quiere controlar ese proceso.

Estoy totalmente a favor de la planificación, me resulta muy valiosa. Pero, a fin de cuentas, debemos recordar que no sabemos cómo, qué, cuándo, por qué o dónde se ha de manifestar nuestro plan. Al soltar tus ideas predispuestas de lo que se supone que ocurrirá, también liberas las trampas de la decepción, la ira y el dolor, y te abres al plan divino. Desde luego, dedica tu energía y esfuerzo a la creación de lo que deseas, pero trata de desprenderte de la manera en que crees que debería desarrollarse.

"La restricción no significa renunciar a lo que quieres; significa desprenderte de la forma en que crees que vas a conseguirlo".
—Rav Berg

Una vez que hayas hecho tu mejor esfuerzo, déjalo ir. No puedes dictar el resultado. La vida puede tener otros planes en reserva para ti, los cuales pueden ser mucho más grandes que el que estás buscando.

# Dame, dame:
# Amor basado en el ego

La sabiduría de la Kabbalah nos enseña a ser cautelosos con los sentimientos que parecen embriagadores. Todos los romances empiezan de esta manera, como mil bombillas que se encienden al mismo tiempo para indicar que has encontrado la pieza faltante de tu rompecabezas emocional. Este es un estado natural en el inicio de un amor incipiente. Es importante tener la conciencia de que el amor necesita trascender hacia un amor más profundo, espiritual, que en su esencia esté basado en el compartir y la dignidad humana. Cuando te sientes eufórico pero no creces, ese amor permanece un amor puramente basado en el plano del ego, el cual tiene una inevitable fecha de expiración. Así, lo que pudo haber comenzado como una versión del amor, con el tiempo se vuelve el polo opuesto del amor.

Estamos acostumbrados a pensar en el amor casi exclusivamente en términos de necesidades egocéntricas: lo que yo siento, lo que yo deseo. Pensamos que estamos nutriendo a nuestra relación con actos de amor, y lo estamos haciendo, hasta que empezamos a contar esos actos. Una vez que comenzamos a contar cuánto estamos haciendo por nuestra pareja y cuánto está nuestra pareja haciendo por nosotros, hemos empezado a llevar la cuenta. Llevar la cuenta nos da una razón para dejar de dar a nuestra pareja y, para que una relación crezca, siempre tiene que haber un impulso de dar.

Tenemos una lista mental de todas las cosas que hemos hecho y sacrificado por nuestra pareja; ella todas las oportunidades que perdimos y los sacrificios que hicimos por ella.

Yo amo mucho a mi esposo. Pero imagínense si siempre estoy pensando en las cosas increíbles que he hecho por él y en todas las formas en que me he sacrificado más allá de lo posible. Si realmente amamos a alguien, amamos su esencia. Amamos su mera existencia, no lo que hacen por nosotros. Cuando verdaderamente amamos a alguien, no hay puntuación que calcular.

Al comienzo de mi matrimonio, cuando solíamos tener discusiones, yo mantenía el puntaje. Mi mantra favorito era: "Él ganó la última vez, ahora lo justo es que me toque ganar a mí". Eso es lo que les ocurre a muchas parejas cuando discuten, y esto te dispone a un resultado realmente negativo.

"Si ganar no lo es todo, ¿por qué mantienen el puntaje?".
—Vince Lombardi [47]

## Para que nuestras relaciones prosperen, necesitamos sacar al tercero —a nuestro ego— del dormitorio.

El fundamento de una relación fuerte que no sea solamente para beneficio mutuo no se encuentra en el mundo material. Se trata de recibir lo que el Creador pretende para ti, que es alegría y plenitud infinitas. En este tipo de relación es más importante dar que recibir. Con demasiada frecuencia, el amor es reconocido como los buenos sentimientos que recibimos de otra persona. Con el tiempo, la expectativa de que el propósito de tu pareja es hacerte sentir bien crea un desequilibrio, lo que permite que el recibir tenga prioridad sobre el dar. El amor basado en el ego ubica nuestras necesidades por encima de las necesidades de los demás. Esto nos lleva a preguntar: "¿Qué estoy obteniendo?", en lugar de la pregunta infinitamente más importante: "¿Qué estoy dando?".

Cuando pasamos a la mentalidad de dar, trascendemos el ámbito del amor basado en el ego. Cuando hacemos de la felicidad y el bienestar de nuestra pareja una prioridad, el ego suelta el control. Permitimos que nuestra verdadera naturaleza, la fuente del amor incondicional, se haga cargo.

Parte Tres

# Nosotros
(Podría causar profundas historias de amor)

Capítulo catorce

# Elevar el amor

El propósito del amor es conectarnos a la Luz divina, que es infinita y más poderosa que cualquier cosa que podamos imaginar. Es algo que hay que desear y por lo que debemos trabajar.

El amor que está basado en compartir es poderoso y duradero. Y cuanto más compartas, mayor será tu capacidad de dar. La diferencia entre el amor basado en el ego y el amor incondicional es que el último tiene la capacidad de crecer infinitamente, siempre creando un vínculo más profundo y fuerte. El amor incondicional no es acerca de poder, riqueza o autoestima, ni de lo que obtienes o no obtienes. Amar incondicionalmente es valorar las características de una persona que son una manifestación de la esencia de su ser. Las únicas expectativas son que nos escuchen, nos respeten y nos traten con dignidad humana.

**El amor incondicional es el fundamento de una relación feliz; y no solamente es alcanzable, es un derecho de nacimiento para absolutamente todos.**

PRINCIPIO KABBALÍSTICO:

Amar incondicionalmente significa que amas a la persona simplemente porque existe.

. . . . . . . . .

"Te quiero tal como eres". Esto es más que la letra de una canción de Billy Joel [48] que escuchamos en las bodas, o una frase que usamos en casa o con nuestras amistades más cercanas. Pero ¿qué significa en realidad? ¿Significa que amamos a alguien sin razón alguna? ¿Significa que lo amamos sin importar lo que pueda hacer?

Me parece gracioso cuando los padres de niños pequeños dicen: "Amo a mi hijo incondicionalmente". Es relativamente fácil amar a los bebés porque no han aprendido a responder. Pero cuando se vuelven adolescentes, no solo han dominado esa habilidad, sino que tienen opiniones poco halagadoras que no dudan en expresar y están sujetos a un tormentoso cambio de humor. Puede que te preguntes a dónde fue ese amor incondicional cuando finalmente tu adolescente te saca de tus casillas. El amor incondicional no se va a ninguna parte, simplemente se vuelve un poco menos accesible. Después de todo, el alma de tu hijo es la misma a los 15 años que cuando tenía 2 años.

Es más fácil amar incondicionalmente cuando recuerdas que todos estamos en medio de nuestras historias mientras ellas se desarrollan. "Los seres humanos son obras en progreso que erróneamente piensan que están terminadas", dice Daniel Gilbert, profesor de Harvard y autor de *Stumbling on Happiness*.[49]

La mayoría de nosotros asumimos que vamos a tener un hijo sano, o que nuestra pareja nos cuidará en la salud y la enfermedad. Cuando estas asunciones resultan ser falsas, nos vemos obligados a reconsiderar en qué estamos basando nuestro amor. En estos momentos, queda claro que nuestro amor es condicional o incondicional dependiendo de cómo respondamos a estos cambios drásticos de circunstancias. Por ejemplo, una pareja casada puede sentirse feliz hasta que el marido pierde sus ingresos de seis cifras. Esta es una oportunidad para acoger el cambio. Si ustedes van a ser pareja, esto significa que son socios en las buenas y *también* las malas. Eso implica estar dispuestos a enfrentar y superar juntos los desafíos que ocurrirán inevitablemente.

Es difícil no reaccionar cuando tu pareja te está alterando hábilmente o gritando que te odia. Es doloroso estar en el lado receptor de esto. El camino de regreso a la conexión y al amor incondicional que sientes por tu pareja es ver las cosas desde su perspectiva. ¿Cómo se siente ahora, más allá de la evidente ira?

¿Por qué está frustrada tu pareja? ¿Qué dolor o ansiedad la lleva a atacarte de esta manera? Una vez más, estamos hablando de un simple cambio de "yo" a "él" o "ella".

## Nada bueno viene de reaccionar al mal comportamiento de otra persona.

Si puedes mantener tu ecuanimidad en vez de perderla, puedes encontrar una manera de sentir empatía por su situación y entender por qué está proyectando su ira contra ti. Entra en contacto con el amor incondicional al desconectarte de la mala conducta de tu pareja. Quita a tu ego de la refriega y reconéctate a la esencia de la persona de la que te enamoraste.

# Punto de referencia

Una manera de impulsar la eliminación del ego es hacer énfasis en lo positivo. Puedes cambiar el punto de referencia de tu relación, de manera similar al del punto de referencia para la pérdida de peso, que es una teoría popular que alega que el cuerpo tiene un peso establecido que intenta mantener, sin importar cuánta dieta hagas, y por ello tu cuerpo tiene una fuerte tendencia a mantenerse en ese peso. Solo al restablecer el metabolismo de tu cuerpo, por lo general mediante el ejercicio, la dieta puede ayudarte a perder peso efectivamente.

Es igual en el matrimonio. Una vez que tu matrimonio se establece en un cierto grado de positividad, se necesitará mucha más negatividad para dañar tu relación que si tu punto de referencia fuera más bajo. La mayoría de los matrimonios comienzan con un punto de referencia tan elevado que es difícil para cualquiera de los cónyuges imaginar que la relación se descarrile. Se necesita mantenimiento para sustentar tu punto de referencia positivo. A veces, tus sentimientos negativos superarán a tus sentimientos positivos acerca de tu pareja, y el resentimiento puede crecer al punto de que la amistad se vuelve cada vez más una abstracción.

Cuando te encuentras en ese estado, a veces incluso las palabras dichas en un tono de voz neutral son tomadas de una manera negativa. Por ejemplo, si uno de la pareja dice: "Se supone que no debes fijar el termostato a esa temperatura", la respuesta del otro podría ser: "No me digas qué hacer. Leí el manual". Cuando comienzas en un punto bajo, entonces las cosas se malinterpretan fácilmente. "¡No encuentro las llaves del auto! ¿Dónde las pusiste?". Una respuesta del punto de referencia negativo sería: "¡Siempre estás perdiendo las cosas! ¡No me culpes a mí, búscalas!".

Le pregunto a las parejas al borde de la separación o el divorcio: "¿Por qué te enamoraste en un principio?", o "¿Cómo te sentías en el día de tu boda?". Con frecuencia, no lo saben y ni siquiera recuerdan haber amado a esta persona. Cuando te enfocas en lo negativo, "configuras" tu relación como tal. Como ejercicio durante una semana, trata de ser más atenta cuando se trata de tu pareja. Ignora tu tendencia a decir cosas negativas y observa lo que sucede. Da un paso más allá y añade una pizca de consideración y condimenta con el beneficio de la duda. Esto cambiará el diálogo en tu cabeza y, consecuentemente, las acciones que siguen.

En matrimonios con puntos de referencia altamente positivos, los cónyuges comparten un profundo sentido de propósito; apoyan las esperanzas y aspiraciones de cada uno. El Dr. John Gottman, profesor de psicología que se especializa en estabilidad marital, ha descubierto que las parejas exitosas hacen o dicen al menos cinco cosas positivas por cada interacción negativa con su pareja.[50]

# Dos pasos para amar incondicionalmente

La mayoría de nosotros estamos bastante lejos de dar amor de manera incondicional. He aquí buenas estrategias para cerrar esa brecha.

- **Paso 1: Permite que tu pareja tenga su proceso.** Cuando juzgamos a nuestras parejas, no estamos apoyando su proceso. El amor incondicional significa dejar que aquellos a quienes amas sigan su propio camino. Esto algunas veces puede significar dejarlos tocar fondo, aunque nos resulte difícil ser testigos de ello. Simplemente tenemos que amarlos a lo largo del trayecto.

La primera vez que experimenté este concepto de una manera profunda fue con mi padre. Tengo gratos recuerdos de nosotros caminando por las calles de Laguna Beach, una pintoresca y artística comunidad playera en el Sur de California. En ese tiempo yo sufría de anorexia y mi cuerpo frágil estaba tan carente de nutrientes como mi corazón de amor incondicional. Estaba perdida, cansada, sin voz y plagada de dudas y miedos, pero mi padre simplemente caminaba a mi lado, fuerte, silencioso y definitivamente presente.

Mi padre nunca me presionó por respuestas acerca de por qué me estaba matando de hambre, ni me suplicó que comiera. Él nunca me preguntó acerca de mi ingesta calórica, ni trató de forzarme a ver lo que me estaba haciendo a mí misma. Aunque esto podría haberse interpretado como una falta de interés o preocupación por parte de mi padre, yo sabía que él lo hacía por amor. ¿Cómo? Porque nunca me sentí juzgada por él; simplemente lo sentía ahí, listo para levantarme si llegara a caer. Él estaba muy consciente de la seriedad de mi anorexia, pero creo que él sabía que si me presionaba en cuanto a mis hábitos alimenticios, yo me habría aislado más. Sentía un gran alivio en la presencia de mi papá. Él era mi roca. Nunca trató de controlarme a mí o a la situación. Simplemente me amaba a lo largo del proceso. Aunque esto parece algo simple, no es nada fácil.

Yo estaba decidida a hacer senderismo en el Gran Cañón y mi padre aceptó acompañarme. Estoy muy segura de que ningún médico habría autorizado a un diabético (mi padre) o a una anoréxica (yo) para hacer un viaje agotador como este. Llené una mochila con dos botellas de litro y medio de agua, una barra energética y algo de fruta deshidratada. Ejercimos tanta energía ese día que no oriné ni una vez, y mis clavículas fueron literalmente remodeladas por el peso de mi mochila. Llevo esas abolladuras hasta el día de hoy. Mi padre tuvo sus propios conflictos. La caminata por el cañón es cuesta abajo hasta el río Colorado, lo que significa que la caminata de regreso es puro ascenso; esto fue un enorme obstáculo para él. Necesitábamos detenernos con frecuencia en el camino mientras mi padre luchaba con calambres severos en las piernas y ampollas en los pies.

No estaba segura de que saldríamos del cañón antes del anochecer, lo que sería malas noticias porque no teníamos un plan de contingencia. No teníamos carpas, chaquetas, cobijas ni comida y agua extra. Si buscas cómo prepararte para hacer senderismo por el Gran Cañón, una de las primeras cosas que dice en grandes letras rojas es: **"La diferencia entre una gran aventura en el Gran Cañón y un viaje al hospital (o algo peor) depende de ti. NO intentes caminar desde el borde hasta el río y regresar el mismo día, especialmente en los meses de mayo a septiembre".** Por supuesto, al no haber leído esto antes, eso fue precisamente lo que hicimos. Cuando finalmente, milagrosamente, salimos del Gran Cañón, miré hacia atrás: el sol recién se había puesto, y vi que nos observaba una manada de brillantes ojos de coyote. Tuvimos suerte de salir de ese cañón por muchas razones. Pero ahí estábamos, uno al lado del otro. Él me acompañó en mi viaje de introspección hasta el río Colorado y de regreso, en un solo día.

Es interesante considerar el amor y el control, dos energías fuertes, y cómo compiten entre sí.

## Con frecuencia tratamos de controlar a los que amamos, pero al controlarlos, no estamos amándolos verdaderamente.

El amor y el control no pueden existir en el mismo espacio. Cuando tratamos de ejercer control, estamos haciendo la interacción acerca de nosotros mismos, nuestro resultado deseado, nuestro consejo, nuestra opinión. Mi padre nunca hacía que mi trastorno alimenticio se tratara de él. Él permanecía fiel a sí mismo y, por consiguiente, a mí también.

Mi madre era una fuerza indomable, preguntándome cómo estaba, sobre mi peso y qué había comido. Su preocupación constante era si yo sobreviviría, y sus preguntas constantes eran: "¿Tienes hambre?" y

"¿Comiste hoy?", a lo cual yo contestaba "no" y "sí" respectivamente, cuando, la verdad sea dicha, era al revés.

Un trastorno alimenticio es una experiencia muy solitaria y aislante; se siente como una prisión. Esta celda que me había creado se sentía aún más confinante debido a la preocupación de mi madre. Al yo misma ser madre, ahora entiendo su preocupación, pero fue mi padre quien me dio la libertad para simplemente ser. Estoy segura de que él estaba tan asustado como mi mamá, pero nunca me sermoneaba. Para un hombre que sabía cómo dar un mensaje fuerte, esta era una sorprendente restricción de su parte.

## El secreto para amar incondicionalmente es aprender a ir contra tu propia naturaleza.

Mi padre me dio la libertad de resolver las cosas por mí misma. Él era una brisa suave que entraba por la ventana de mi celda.

Tanto mi padre, la roca de mi infancia, como mi esposo, el hombre firme de mi presente, saben cómo simplemente estar a mi lado. Si bien mi esposo es bastante diferente a mi padre en muchas maneras, ambos tienen corazones extraordinarios y, cuando te aman, te aman para siempre.

- **Paso 2: Deja de juzgar.** Recientemente hablé con alguien que estaba decepcionada con todas sus relaciones; con sus amistades, su prometido y sus compañeros de trabajo. Dijo que siempre la decepcionaban. Le pregunté: "¿Todo esto que esperas de los demás es algo que tú también les estás dando?" La respuesta fue no. Ella estaba demasiado ocupada juzgándolos. Si estás juzgando, no estás motivado para dar. El amor incondicional no tiene condiciones y, por lo tanto, no juzga.

Cuando mi padre fue diagnosticado con un tumor benigno en el cerebro, sin hacer ninguna investigación decidió que se lo extirparan de inmediato. Esta fue una reacción basada en el temor, y juzgué la decisión de mi padre. Aunque él fue muy prudente durante mi problema de salud, veinte años después él actuaba de forma muy diferente cuando encaró el suyo. Mientras más temeroso se volvía, menos abierto estaba a encontrar maneras de mejorar. Y yo sentía menos ganas de apoyarlo.

Me decepcionó la manera en que yo respondía a mi padre, así que tomé esto como una oportunidad para evaluarme. Independientemente de si estaba de acuerdo o no con su decisión, yo aún debía practicar el amor incondicional. Aprendí una lección muy valiosa aquí: es más fácil sentir empatía con los demás cuando apruebas sus decisiones y acciones. Eso está bien, pero no es amor incondicional.

El amor incondicional implica dejar la crítica, el control y el interés personal.

## Amor desinteresado

El Zóhar declara: "Conforme actuemos en este mundo, despertaremos actos de arriba". Rav Berg solía decir: "La Luz es tu sombra". Lo cual quiere decir que la manera en que te conduces es lo que la Luz imita. La manera en que me comporto con los demás es cómo la Luz se comportará conmigo. La Kabbalah explica que cada ejemplo de felicidad, ya sea la pequeña satisfacción de una tarea bien hecha en el trabajo o la gran alegría que acompaña al nacimiento de un hijo, tiene su fuente en una energía universal.

El Arvéi Najal, un gran kabbalista del siglo XVIII, enseñaba que cuando dos personas logran un vínculo tan cercano que cada uno pone el bienestar del otro por sobre el propio, el Creador dejará de lado todas Sus otras preocupaciones para hacer brillar la Luz sobre ellos.

La generosidad en un factor significativo en el fortalecimiento de toda relación. ¿Qué significa ser generoso? En el contexto de la amistad, significa ser el dador y no el receptor, lo cual puede expresarse de muchas maneras. Para algunos, es recordar los cumpleaños u ofrecer una fiesta de gala para celebrarlo. Para mí, es inspirar a la gente para vivir su máximo potencial. Queda de tu parte encontrar tus propias maneras de ser generoso con tus amigos, pero encontrar el equilibrio entre lo que das y lo que recibes es esencial para tu felicidad, salud y bienestar.

Parte de encontrar este equilibrio algunas veces implica hacer un sacrificio por alguien. Kabbalísticamente, el dar más significativo no es aquel que nos resulta fácil: como dinero de una persona rica o ropa cuando estamos limpiando nuestro armario. Un regalo significativo requiere sacrificio: dar algo valioso para ti a fin de ayudar a alguien más.

¿Haces sacrificios por la gente que amas?

Hay dos tipos de sacrificio: sano y malsano. El malsano parece funcionar al principio porque es una solución rápida. Los sacrificios malsanos a menudo tienen una buena intención, pero no funcionan a largo plazo.

**Los sacrificios sanos son cuando estamos dispuestos a sacrificar el miedo por el amor, la independencia por la intimidad, los mecanismos de defensa por la alegría y el resentimiento por el perdón.**

Estudios muestran que nuestra felicidad es con más frecuencia impulsada por proveer apoyo a los demás que por recibir apoyo nosotros. La ironía de dar es que obtenemos tanto más de compartir de lo que obtenemos al recibir que en realidad somos a la vez egoístas y desinteresados. Una encuesta de la escuela de negocios de Harvard encontró que, independientemente del ingreso, la gente que gastaba más en otras personas era decididamente más feliz que aquellos que gastaban más en sí mismos.[51] Kabbalísticamente, la razón por la cual nos sentimos insatisfechos es que nuestras propias acciones egoístas han creado una barrera entre el Creador y nosotros.

Para eliminar esta barrera, necesitamos transformar nuestra naturaleza de recibir a dar. Cuando vas contra tu ego al compartir cuando menos lo deseas, la Luz imitará tus acciones y hará que ocurran milagros en situaciones aparentemente imposibles.

Los kabbalistas nos enseñan que cuando dos personas en una relación se tratan uno a otro mejor que como se tratarían a sí mismos, no hay límite para la cantidad de bendiciones que pueden traer a sus vidas. ¿Quién no desearía eso? ¡Todos lo deseamos! Pero se requiere disciplina para tener una conciencia firme. Esto implica hacer tener esos pequeños detalles como la llamada atenta para decir: "Entiendo que estás teniendo un día difícil. Solo ten presente que estoy aquí para ayudarte". O compartir con tu pareja: "Estoy muy asustado. ¿Y si los resultados de mi estudio indican que hay algo malo?". Se necesita una unión consciente porque a menudo nuestros intercambios son influenciados por cómo nos sentimos. Nos sumergimos tanto en nuestra propia experiencia que olvidamos que hay dos personas involucradas. La clave es tener la misma profundidad de empatía con los sentimientos de tu pareja que tienes con los tuyos propios. Este es el prerrequisito para la asistencia de arriba: ambas partes de la relación deben sentir amor desinteresado el uno por el otro.

Hay una parábola kabbalística que expresa esta idea. Hace mucho tiempo, un hombre cometió una infracción por la cual el rey lo condenó a muerte. Después de oír su sentencia, el hombre se volvió al rey y le dijo: "Por favor, ¿podría tener una semana para poner mis asuntos en orden?". El rey contestó: "Quisiera complacer tu deseo, pero me preocupa que no regreses. Si puedes encontrar a alguien que se quede en tu lugar mientras te ausentas por una semana, te dejaré ir. Pero recuerda: si no regresas a tiempo para cumplir tu sentencia, si llegas aunque sea un minuto tarde, ejecutaré a tu amigo en tu lugar".

El condenado se dirigió a su amigo más íntimo, a quien había amado desde su niñez, y le preguntó: "¿Puedes hacerme este favor?". Su amigo respondió: "Por supuesto". Pasó la semana y el hombre puso sus asuntos en orden. Pero al regresar, tuvo retrasos en el camino. Cuando la hora de la ejecución llegó y él no se encontraba presente, el rey decidió: "Este hombre no ha cumplido su promesa, así que no tengo más opción que ejecutar esta sentencia de muerte en su amigo". Los guardias reales escoltaron al amigo al patíbulo para preparar su ahorcamiento.

Justo entonces el hombre que originalmente fue sentenciado a muerte corrió hacia el patíbulo gritando: "¡Estoy aquí! ¡Estoy aquí! ¡Se me hizo un poco tarde, pero ya estoy aquí! ¡Yo soy el sentenciado a morir, así que deben liberar a mi amigo y ponerme en su lugar!". Pero el amigo empezó a discutir: "¡No, los siete días han pasado! De acuerdo con los términos de su acuerdo, mi amigo ya no puede morir. ¡Ahora soy yo el que debe ser ahorcado!". Ambos hombres plantearon sus casos, cada uno rogando ser ahorcado en lugar de su amigo.

El rey, al ver el amor desinteresado entre estos dos compañeros desde la infancia, pidió silencio. "Mi decreto original fue para la muerte de un hombre, pero veo que el vínculo entre ustedes es tan completo que, si ejecuto esa sentencia, estaré matando a dos. Por consiguiente, estoy obligado a rescindir mi juicio original. Ambos pueden irse libres".

Esta clase de amor desinteresado es difícil de imaginar, y mucho menos lograr. Entiendo que esta parábola fija el estándar muy arriba, y mi intención no es hacerte sentir intimidado. Pero es importante tener una meta, y así es como se ve el amor incondicional. Alcanzar este nivel de conciencia lleva años de práctica, crecimiento, entendimiento y constantemente tomar la decisión de no enfocarse en cosas sin importancia. En vez de calcular lo que tu pareja ha hecho o no por ti, pregúntate: "¿Qué he hecho yo por mi pareja hoy?". Esta es la puerta de entrada al amor desinteresado.

# Los beneficios de ser amado incondicionalmente

"Tan pronto oí mi primera historia de amor, empecé a buscarte, sin saber lo ciego estaba. Los amantes no se encuentran finalmente en algún lado: están el uno en el otro todo el tiempo". —Rumi

Saber que somos amados incondicionalmente crea un espacio psicológico seguro. El psicólogo Donald Winnicott observó que los niños que juegan cerca de sus madres muestran niveles de creatividad más altos que aquellos que estaban más lejos.⁵² Este "círculo de creatividad", como él lo describió, es un espacio en el que los niños y los adultos por igual pueden arriesgarse y probar cosas, caerse y levantarse, fallar y triunfar, porque se sienten seguros en la presencia de una persona que los ama incondicionalmente. Los adultos tienen una mayor capacidad de abstracción que los niños; no necesitamos estar físicamente cerca de nuestros seres queridos para estar en su círculo de creatividad. Saber que somos amados incondicionalmente nos hace sentir seguros y capaces de alcanzar y manifestar nuestro potencial. Nos alienta a ir tras esas cosas que son significativas para nosotros porque algunas veces todo lo que necesitas es alguien que crea en ti cuando te es difícil creer en ti mismo.

Mi lucha con la anorexia fue el capítulo más oscuro de mi vida. Me sentía sola, perdida y sin una idea de quién era. Todavía estaba en el proceso de sanar cuando Michael y yo nos enamoramos. Valoraba su profundidad, su espíritu y su verdad, aún cuando en ese entonces yo no podía apreciar por completo tales atributos en mí misma. Pero ser amada por esta maravillosa alma permitió que ocurrieran dos cosas: aprendí a amarme a mí misma tal y como era, y descubrí que tenía un deseo enorme de despojarme de aspectos personales que no me servían. Ese es el poder del amor incondicional. Yo estaba prosperando en el círculo de creatividad de Michael. Él me reconfortó y yo, a su vez, lo reconforté a él.

## El amor incondicional es el alimento que los humanos necesitan para alcanzar su grandeza.

Hace unos pocos años, conocí a una pareja que había estado casada por muchos años. La esposa deseaba que su esposo tuviera éxito, pero se sintió frustrada cuando él no pudo encontrar empleo o dar avances al pago de las deudas que él había acumulado antes de casarse. Con el tiempo, su frustración se volvió enojo, y el diálogo doméstico pasó de alentador a denigrante. Con frecuencia ella gritaba: "Eres un perdedor". Entre muchas más palabrotas. ¿Ella quería usar tales palabrotas? ¡Sí!

¿Quería llamarlo perdedor? ¡Así es! Se sentía bien en el momento. Pero ella estaba destruyendo el círculo de creatividad de él.

Por supuesto, ella se sentía muy mal por su conducta después de hacerlo, pero el círculo ya estaba roto. Si nos sentimos seguros sabiendo que podemos intentar y fallar, que podemos caer y levantarnos de nuevo, solo entonces podremos prosperar. Esto se practica en las mejores relaciones.

Gracias a sus duras palabras y acciones, ella, más que nadie, sufrió en los años que siguieron. No solamente tenían preocupaciones financieras, sino que además de esto tenían una relación rota. En su defensa, la mujer se puso a trabajar en reparar la confianza que había roto. Dejó de castigar a su esposo por no hacer lo que ella quería, y en cambio se dedicó de nuevo a la relación. Ella todavía se frustra de vez en cuando, pero ha aceptado que, por ahora, es la principal proveedora del hogar y no permitirá que eso afecte su amor por él. Ella anima a su esposo a probar cosas nuevas y está trabajando mucho para crear otra vez el círculo de creatividad, un lugar donde él tenga la oportunidad de prosperar. Este es un ejemplo de transformación en acción. Ella está consciente de que no en el nivel de amor incondicional, todavía no, pero entiende lo lejos que tiene que ir y tiene un fuerte deseo de llegar allí.

Una amiga mía señaló que mi esposo y yo nunca nos decimos uno al otro qué hacer. Tanto así que se ha vuelto una broma entre nosotros. Una interacción típica entre nosotros es algo como esto:

Yo diría: "Querido, estoy muy cansada. No tengo ganas de dar mi clase mañana por la mañana". En el fondo de mi mente, estoy pensando que cancelar a último momento sería irresponsable, razón por la que estoy desviando la decisión hacia él.

Él responde: "¡Seguro! Lo que mejor te parezca".

Y así seguimos.

"¿De verdad? ¿Puedo cancelar?".

"Claro, si realmente estás cansada".

Él me sonríe durante toda la conversación. Yo sé qué es lo correcto, él sabe que yo sé y sabe que lo voy a hacer. Pero darme la libertad de escoger me hace sentir amada incondicionalmente; me permite ser vulnerable y me recuerda que estoy en una relación que es alentadora, empática; me da espacio para crecer como persona y como esposa, mientras deja clara su opinión.

No es difícil imaginar una manera en la cual la conversación se desarrolle distintamente.

"Querido, estoy muy cansada. No tengo ganas de dar mi clase mañana por la mañana".

Él podría responder: "Es muy irresponsable de tu parte. Tienes que dar la clase".

O una respuesta aún más extrema: "¿Estás bromeando? ¿Por qué te comprometes a estas cosas solo para cancelarlas? ¡Eres una indolente!".

Basado solo en este diálogo, uno puede ver cómo esto escalará a un pleito. En este ejemplo, la conversación está plagada de crítica y acusaciones.

Tú puedes redirigir la naturaleza de tu relación en cualquier momento que decidas.

**Cuando amas a alguien incondicionalmente, ves lo mejor en él, pero también ves lo peor y lo amas de todos modos.**

Capítulo quince

# Almas gemelas

Estaba en una playa apartada en México asistiendo a la boda de un amigo cercano, quien era dieciséis años mayor que yo. El pequeño grupo de invitados eran casi todos parejas en su década de los treinta. Teniendo solo veintiún años de edad, me sentía fuera de lugar. La única persona de mi edad era mi futuro esposo, Michael, hijo del rabino que oficiaba la ceremonia. Yo había conocido antes a Michael, solo de paso, y siendo las dos únicas personas de edad similar obligados a pasar un fin de semana juntos, pensarías que habríamos gravitado naturalmente uno hacia el otro, pero ese no fue el caso.

El día después de la boda, todos los invitados estaban afuera disfrutando de la playa. Adonde quiera que miraba estaba sucediendo algo emocionante: parapente acuático, corredores, niños haciendo castillos de arena y bañistas bebiendo cocteles helados adornados con paraguas pequeñitos. Mientras estaba asimilando todo esto, disfrutando la calidez del sol en mis hombros, algo me sorprendió. Yo podía sentirme fuera de lugar, pero Michael se veía fuera de lugar. Allí estaba sentado, incómodo y miserable, estudiando un texto antiguo en arameo; en el calor, tratando desesperadamente de cubrir todo su cuerpo, incluyendo su cabeza, con una toalla. Recuerdo que me sentí confundida. No podía imaginarme porque no se iba a sentar a la sombra en alguna parte y ponía fin a su desdicha. En retrospectiva, me doy cuenta de que él estaba tratando de ser parte del grupo, lo cual no le salía de manera natural.

Dado que era un ávido erudito desde muy temprana edad, divertirse en el sol no era una prioridad para Michael, así que para él cargar con todos sus libros y estudiar en la arena irregular representaba un gran esfuerzo de su parte por ser sociable. Puedo decir con absoluta certeza que, en ese día, no lo reconocí como mi futuro esposo y mucho menos mi alma gemela.

Me encantaría decir que la primera vez que conocí a Michael mi vida cambió, pero en realidad fue más un ruido hueco que una explosión. De hecho, ni siquiera estoy segura de que se pueda definir nuestra primera interacción como una presentación real. No nos dijimos una sola palabra. La primera vez que lo vi, él iba entrando a una habitación mientras cargaba cinco libros y leía de un volumen abierto encima de la pila. Levantó la vista y me vio cuando nos cruzamos y lo saludé. Hizo un gesto de saludo e inmediatamente volvió a su lectura. Recuerdo estar impresionada por cómo podía caminar sin tropezar con algo, a la vez que no despegaba los ojos de la página.

Yo, por otra parte, pasaba mi tiempo de manera muy diferente. No había caminar leyendo; más bien era beber y bailar. A los diecisiete años, mientras estudiaba en la secundaria Beverly Hills, yo era un espíritu libre. Manejaba mi Jeep Wrangler por la ciudad, con mi largo pelo rizado flotando en el viento. Vivía usando Levi's y botas de motociclista. Michael tenía dieciocho años en ese tiempo y no solo leía libros, los inhalaba. Él no daba mucha importancia a las cosas superficiales, así que vestir pantalones negros y una camisa blanca todos los días le parecía bien.

Las diferencias entre Michael y yo eran obvias, desde cómo nos vestíamos hasta cómo pasábamos nuestro tiempo, cómo crecimos (él nació en Jerusalén y vivía una vida judía ortodoxa, mientras que yo nací en Louisiana y, aunque crecí como judía, canté un montón de villancicos navideños en mi infancia). Ese día en la playa en México, yo estaba confiando solo en mis cinco sentidos. Desde mi perspectiva en el 1 %, no podía ver en absoluto que tuviéramos algo en común.

## Las almas gemelas no son quienes pensamos que son

Puedo decirte por experiencia personal que es posible que no reconozcas a tu alma gemela al principio, y encontrar a esa persona no tiene absolutamente nada que ver con cómo te ves, tu estatus o con cuánta frecuencia tienes citas. La mayoría de nosotros limita la experiencia del verdadero amor al afecto, el estímulo mental, el deseo físico y la química. Un alma gemela no necesariamente es alguien con la que tienes la mayor química, con la que te ves muy bien en las fotografías, por la que sientes una pasión avasallante o ni siquiera la persona con la que tienes el mejor sexo. No quiere decir que *no tendrás* esas cosas, pero el amor de almas gemelas no está basado en los cinco sentidos.

De acuerdo con la Kabbalah, en el principio, todas las almas era una, y el Creador dividió cada alma en dos partes, masculina y femenina. Y cuando digo masculina y femenina, no estoy hablando acerca de la anatomía o géneros físicos. Me refiero a las dos energías básicas en el universo: el deseo de impartir (energía masculina) y el deseo de recibir (energía femenina). Las almas gemelas son esas dos mitades de una sola alma. Esto significa que cada uno de nosotros tiene un complemento masculino o femenino en este mundo. Sin embargo, las almas gemelas pueden pasar muchas vidas sin reunirse, casándose con otros mientras tanto, con quienes podrían crear vidas amorosas y satisfactorias. Estas conexiones no son menos válidas, ya que la Kabbalah nos explica que toda persona que entra en nuestra vida es parte de nuestra *shóresh* (raíz del alma). Rav Yitsjak Luria, también conocido como el Arí, explica que si se observa al total de la humanidad como un árbol, dos almas que vienen de la misma rama están conectadas. Con cualquier persona en tu vida —sea un amigo, un amante o un socio de negocios— experimentas una cercanía con ella porque son de la misma raíz del alma.

Tener la misma raíz del alma trae consigo una responsabilidad, independientemente de la naturaleza de la relación. Yo tengo una obligación de asistir a las personas con las que estoy conectada, no solo físicamente sino también espiritualmente. Ningún encuentro en nuestra vida es coincidencia; por lo tanto, nadie que llega a nuestro círculo íntimo lo hace por accidente. Todos tienen una razón para estar en nuestra vida y son parte de nuestro tikún. Parte de nuestro proceso espiritual es entender las maneras en que somos responsables de ayudar a las personas con quienes compartimos *shóresh* (raíz del alma).

# PRINCIPIO KABBALÍSTICO:

La Kabbalah nos enseña que obtenemos un compañero de acuerdo con nuestras acciones y conducta.

........

Reunir dos mitades de la misma alma implica trabajo arduo. Tenemos que ganarnos y merecer la reunificación con nuestra alma gemela mediante nuestro proceso espiritual. A menudo les hago a mis estudiantes esta pregunta: ¿Qué es lo único con lo que dejas este mundo? La respuesta es: tu alma. Si la transformación fuera lo principal en tu mente, entonces invertirías tus esfuerzos en lugares muy diferentes. La energía que dedicas a tu transformación se correlaciona con cuán rápidamente se reúnen tu alma gemela y tú. Esto puede tomar más de una vida, pero cuando dos almas han trabajado suficientemente duro en sus caminos espirituales y en corregir su *tikún*, merecen reunirse. Las dos mitades se vuelven una.

Michael y yo somos un ejemplo de la naturaleza inesperada de las reuniones de almas gemelas. En los años siguientes al día en que nos encontramos en la boda, me involucré mucho en el estudio y el voluntariado en el Centro de Kabbalah, donde Michael no era solamente un erudito de la Kabbalah, sino también el hijo de los codirectores del Centro. Tuvimos un puñado de intercambios breves, iniciados por Michael, lo cual era inusual porque él no era persona de charlas triviales. En una de sus visitas a Los Ángeles, después de no haberlo visto durante seis meses, de pronto él estaba frente a mí preguntándome "qué estaba haciendo últimamente". Empecé diciéndole que estaba interesada en la psicología como carrera y biología marina como especialidad, pero antes de que terminara la frase, él simplemente se fue. Yo no tenía idea de cómo entender lo sucedido (¿estaba siendo grosero deliberadamente o tan solo era despistado?), pero me puso a pensar.

La verdad del asunto era que, en cierto nivel, no me sentía cómoda siguiendo mi curso de estudio porque quería dedicarme seriamente a la Kabbalah. Después de que mi ego magullado se calmó, entendí por qué me molestó tal interacción: Michael estaba consciente de algo que yo todavía no había asimilado.

Esas son las señales. Esta persona con la que había intercambiado diez palabras conocía mi futuro, un futuro al que yo todavía no tenía acceso. No se había ido abruptamente porque fuera grosero o desinteresado; había algo más profundo detrás de sus acciones. Él reconoció el potencial en mi desarrollo espiritual antes de yo lo reconociera, y se sentía incómodo con incluso oír acerca de los distractores que podían hacerme ir por un camino diferente, menos auténtico.

Yo respetaba la seriedad con la que Michael tomaba sus estudios y la disciplina que aplicaba. También me parecía que su conducta era demasiado extremista y no dejaba suficiente espacio para amistades o intereses externos. Ninguno de nosotros estaba seguro de qué comprender de estos intercambios. He llegado a entender que hay momentos en la vida que pueden parecer insignificantes en ese entonces, que en retrospectiva resultan ser monumentales. Tuve varios de esos momentos aparentemente inocuos con Michael que después resultarían ser significativos. No tuvimos largas conversaciones, Michael se ponía a conversar con alguien en raras ocasiones, así que el hecho de que él me hablara del todo significaba algo. Nosotros simplemente no sabíamos qué en ese momento.

Tres años después de ese día en la playa, Michael estaba trabajando en un proyecto importante y necesitaba un aporte creativo. Le pidió a un amigo mutuo que me sugiriera trabajar en el proyecto con él. En ese momento, yo estaba inscrita en la universidad, trabajando medio tiempo como profesora y haciendo voluntariado en mi tiempo libre. Abrumada por estos compromisos, rechacé la petición tres veces. Sin embargo, no deseando decepcionar a Michael, nuestro amigo mutuo no aceptaba un no como respuesta y finalmente acepté.

Semanas más tarde, cuando entré en la oficina de Michael para presentar lo que había preparado, me sentí un poco nerviosa. Cuando extendí mis papeles sobre su escritorio, nuestras manos se tocaron, recuerdo sentir y ver chispas. ¡Como en Xanadu! Michael cuenta la historia de esta manera: "En un instante ella estaba en mi oficina y estábamos hablando, y entonces algo —yo diría que divino— sucedió. Fue casi como la creación del mundo; un momento antes no había nada y un momento después estaba todo. Nueve meses después, nos casamos. Esta es una larga y corta historia de amor".

Había tantas cosas de nosotros que no parecían coincidir, pero Michael y yo no tuvimos dudas, ni vacilaciones, ni un instante de duda desde ese momento en que nuestras manos se tocaron por primera vez. En los meses siguientes descubrimos las formas invisibles en que coincidíamos. Mientras que por fuera éramos diferentes, en el interior nada podía tener más sentido.

Éramos jóvenes. Yo tenía 23 años y Michael tenía 24 cuando nos casamos. Ninguno de nosotros había estado en una relación con alguien; entre los dos, teníamos un total de experiencia cero en relaciones. No obstante, nos divertíamos tanto trabajando y jugando juntos que nunca quisimos volver a estar separados. No recuerdo haberme reído tanto como reí con Michael en esos primeros días. La sensación general era de ser simplemente comprendido. Se sentía raro. Instintivamente, confiamos uno en el otro como nunca antes habíamos confiado en otra persona.

"Una señal de amor es algo muy sutil; simplemente está allí. Es un sentimiento abrumador de no desear estar apartado de esta persona ni por un momento". —Rav Berg [53]

Las cosas toman tiempo antes de que su potencial pueda revelarse. Esos breves intercambios que yo no comprendía en su momento en realidad eran una indicación de que estábamos en caminos similares hasta el día en que nuestros caminos convergieron. Para ser capaz de reconocer a Michael como mi compañero en la vida, necesitaba ver a las personas y las situaciones desde una perspectiva espiritual en vez de hacerlo desde un espacio limitado (regido por los cinco sentidos). En la medida que tu conciencia se eleva, obtienes un mayor entendimiento de cómo funciona el mundo. Comienzas a operar con un sentido más profundo de lo que es real y de lo que no. Cuando transitas la vida con esta conciencia, la información que estás recibiendo no viene de lo que ves, oyes o sientes, sino que viene de lo más profundo. La conciencia es evolución, y cuanto más evolucionado estás, más capacidad tienes de reconocer a tu alma gemela.

Las enseñanzas de la Kabbalah sobre las almas gemelas se exploran extensamente en el Zóhar. Esta sabiduría eterna describe lo que debemos hacer para atraer al alma gemela a nuestra vida. Está escrito en la porción del Zóhar llamada Lej Lejá, párrafo 348: "Hemos aprendido que un hombre obtiene una pareja de acuerdo con sus acciones y maneras de comportarse. Si es merecedor y sus caminos son correctos, entonces merece a su alma gemela para unirse a ella como estaban antes de venir a este mundo".

Muchas personas a quienes asesoro me ruegan que les dé respuesta a la pregunta más importante de su vida: "¿Cómo encuentro a mi alma gemela?", y exponen preocupaciones como: "No estoy segura de que el chico con el que estoy saliendo sea mi alma gemela porque...". El peligro de obsesionarse en encontrar una relación de almas gemelas es que podemos enfocarnos exageradamente en la idea de encontrar al alma gemela más que en encontrar un compañero de vida que sea divertido, amoroso, solidario y con el que se pueda crecer. En realidad, muy pocos encuentran a sus verdaderas almas gemelas, pero cualquiera puede tener una relación que incluya los mismos elementos que una relación de almas gemelas.

Solo para que quede claro: tener la seguridad de que estás en una relación de almas gemelas no es tan importante como tratar cada relación con el nivel de respeto de una relación de almas gemelas, en la que la apreciación y el amor incondicional se expresen a diario.

Un ejemplo de esto se puede encontrar en una pareja que he asesorado por muchos años. Ambas personas son encantadoras y tienen relaciones saludables con amigos y familia. Comparten un estilo de vida agradable, tienen dos hijos muy dulces y las cosas han mejorado mucho desde que empezamos a trabajar juntos hace muchos años. Desaparecieron las peleas a gritos y los altercados físicos, ya que ambos cónyuges han aprendido maneras de comunicarse más sanas, más respetuosas. Sin embargo, lo que he llegado a entender es que sin importar cuántos consejos les dé, sin importar cuántas herramientas comparta con ellos o cuánto hayan mejorado, no son una fuente de alegría el uno para el otro. ¿Por qué? Porque en algún nivel, ellos han decidido que no son almas gemelas y que hay un compañero más viable esperando ser descubierto. Si yo pudiera garantizar que ellos se han casado con su alma gemela, de verdad le darían una oportunidad a su matrimonio.

La mayoría de las personas entiende una relación de almas gemelas como una en la que se sentirán eufóricas; la relación se sentirá fluida y reflejará algo cercano a la perfección. Como la mayoría de las personas, Michael y yo asumíamos que estar enamorados era la manera de satisfacer nuestros deseos y necesidades; una manera de recibir todo lo que necesitábamos y queríamos. Sin embargo, esta no es la base para una relación amorosa. Parte del problema aquí es una de las definiciones. Podríamos decir que amamos comer pizza o que amamos ir a los juegos de béisbol, pero "amar" en este contexto es solo una palabra que describe una sensación placentera. Está basada completamente en nuestra propia experiencia, sin dar nada de nuestra parte. Esto es perfectamente razonable con respecto a la comida o el entretenimiento, pero el amor es mucho más que disfrutar a otra persona. Un alma gemela es una que te ayuda a transformarte de una vida basada en recibir a una vida basada en dar. Esa es una gran transformación.

Ethan estaba casado con una mujer muy amable, amorosa y complaciente. Cada día, después del trabajo, ella lo saludaba en la puerta con un vaso de whisky (seco) en una mano, tomaba su portafolio con la otra y lo seguía por las escaleras hasta llegar al baño, donde estaba esperando la bañera que ella había preparado. Mientras él se empapaba, ella se sentaba en un taburete y frotaba su espalda con una toallita, solo interfiriendo para ofrecer palabras de aliento y amor, mientras lo escuchaba hablar de cómo le había ido en el día. Naturalmente, los niños ya estaban bañados y haciendo los deberes de la escuela, y la mesa estaba puesta para cenar cuando Ethan estuviera listo.

Ethan tenía una vida muy agradable y cómoda con su esposa. Ella no lo desafiaba, ni discutía con él o lo provocaba. Ella lo amaba mucho y se desvivía por satisfacer sus deseos. La mayoría de las personas buscan esto mismo, pero, la verdad, esto no conduce a una vida satisfactoria. De hecho, produce aburrimiento. Una y otra vez, encuentro hombres y mujeres cuya queja principal es que ya no tienen algo en común con su pareja; evolucionan por separado en vez de juntos. Como resultado, no tienen mucho de qué hablar que no sean los hijos o qué restaurante van a escoger para ir a cenar. No se sienten estimulados mentalmente; por lo tanto, no se sienten conectados emocionalmente. En vez de buscar cosas divertidas para hacer juntos, a menudo están buscando distracciones fuera de la relación para calmar su aburrimiento. Naturalmente, los altibajos de la vida garantizan que nos sentiremos aburridos de vez en cuando, pero cuando no estás inspirado en tu relación, es momento de inyectarle algo nuevo.

"El aburrimiento proviene de un potencial insatisfecho o abandonado".
—Michael Berg[54]

Como resultado, Ethan era profundamente infeliz en esta relación, a pesar de los mejores esfuerzos de su esposa. Aunque había buscado comodidad y tranquilidad en su matrimonio, llegó a entender que lo que realmente deseaba era ser desafiado, cuestionado y provocado de una manera que lo inspirara, despertara su curiosidad y lo condujera a nuevas formas de pensar y de ser. Deseaba a una persona que compartiera este viaje con él. Tomó la dolorosa decisión de deshacer su familia, y fue especialmente difícil porque, después de todo, ella estaba cumpliendo las expectativas de la relación que él había establecido.

La ironía aquí es que Ethan y su esposa habrían estado mejor con más incomodidad en su relación. El aburrimiento es una señal segura de que estás en una rutina, de que no te esfuerzas por experimentar algo nuevo y la incomodidad que viene con esto. Los kabbalistas han sabido por mucho tiempo que la incomodidad es la catapulta hacia una conciencia elevada y a un mayor disfrute de la vida.

Tendemos a pensar que nuestra relación es difícil porque nos casamos con la persona equivocada, pero cada matrimonio tiene sus problemas persistentes que requieren atención. Una persona puede decir acerca de su pareja: "Nunca antes estuve tan frustrado con alguien. Solamente mi pareja me hace sentir de esta manera y saca lo peor de mí, así que debe ser su culpa". Pero en realidad es lo opuesto. En vez de lidiar con los problemas de esa relación, las personas fantasean o buscan una nueva relación con alguien que no los desafíe y con quien puedan sentir un intercambio fácil y agradable.

Cuando las parejas tienen diferencias aparentemente irreconciliables o peleas desagradables, estos momentos negativos en realidad tienen el mayor potencial para crear intimidad. La palabra clave aquí es potencial. Si bien es difícil, estas son oportunidades para el crecimiento y la transformación en tu relación y tienen el poder para elevar el amor.

El fundamento de la Kabbalah es el cambio. Hablamos del cambio, aprendemos al respecto, lo intentamos y, sin embargo, no hay nada en este mundo de índole física o espiritual que sea más difícil que cambiar.

Cuando pensamos en el cambio, usualmente estamos considerando hacer modificaciones dentro de nuestra zona de confort, sin tomar en consideración cuán increíblemente difícil es el cambio real. Una relación de almas gemelas te sacará de esa zona de confort, lo cual en última instancia puede ser algo que tú realmente no desees. Para entrar en una relación de almas gemelas, no puedes evitar el dolor que está inextricablemente entrelazado con el cambio. ¡Ningún cambio real puede ocurrir sin perturbación, flexibilidad y dolor! Esto requiere una gran transformación de quien eres, lo cual significa que tienes que ser flexible y dispuesto a ceder.

Como lo mencioné, tuve que crecer y cambiar para ver a Michael como mi compañero de vida. Por naturaleza, soy una persona muy organizada. Me gustan los horarios y las rutinas, y me dan mucha tranquilidad. No estaba completamente consciente de cuánto cambiaría mi vida una vez que estuviéramos casados, ni percibía cuán apegada estaba a la seguridad que me daba mi rutina hasta que tuve que cambiarla. Tomó tiempo aceptar la idea de que parte del trabajo de mi vida con Michael implicaba viajar. Cuando era niña, mi familia viajaba quizá una vez al año. El viajar constantemente estaba muy lejos de mi zona de confort. Pero en vez de luchar contra ese cambio, cambié mi mentalidad a fin de ver qué regalo es despertar en una ciudad diferente y tener experiencias que nunca se podrían planificar. Hoy hay una valija junto a la puerta casi todo el tiempo.

Si Michael se quedara solo, estaría completamente feliz de sentarse solo en una habitación y estudiar todo el día. En los primeros años de nuestro matrimonio, la mayor parte de su tiempo lo pasaba estudiando tranquilamente, mientras que yo me sentía mejor hablando y conectándome con la gente. Ambos teníamos el potencial de influir en la gente de maneras muy diferentes, pero estábamos limitados a invertir energía solamente en lo que nos era fácil. Lo que era más fácil para él era más difícil para mí y viceversa. Esta es la forma más profunda en que nos hemos influenciado uno al otro a lo largo de nuestro matrimonio. Sin el "impulso incómodo" del otro, no estoy segura de que hubiésemos podido revelar nuestro potencial oculto.

Michael, por ejemplo, es un orador y maestro poderoso. En cuanto a mí, el estudio y aprendizaje tranquilos se han vuelto una parte integral de mi vida que nunca me habría imaginado que serían una fuente de crecimiento y felicidad tan grande para mí. Este proceso de cambio no fue fácil o natural para ninguno de los dos. Pero una vez que estuvimos abiertos al estímulo del otro y empezamos a cambiar, de ninguna manera volveríamos a nuestras viejas costumbres. Con el tiempo, llegamos a disfrutar de aquello que pensábamos que nunca disfrutaríamos. Las relaciones deben ser satisfactorias, pero el mayor propósito de una pareja es impulsarse uno al otro de maneras incómodas. El éxito de nuestro matrimonio está basado en el hecho de que Michael y yo no necesariamente nos hacemos la vida fácil uno al otro, sino que constantemente cedemos y desafiamos, nos impulsamos y cambiamos el uno al otro para bien.

## Cómo ceder

Observemos la naturaleza misma de una relación. Empieza con dos individuos únicos que se juntan para convivir, amarse y, con suerte, crecer; todo mientras mezclan sus antecedentes, gustos personales, familias, ingresos, deseos sexuales, carreras y amistades. ¡Es un milagro que la gente pueda convivir realmente! En las relaciones, cuando las parejas son inflexibles, experimentan mayores niveles de infelicidad y decepciones, lo cual conduce a discusiones más frecuentes. Para transformar la crítica, la frustración y el enojo en emociones más elevadas, como la empatía, la bondad y el amor, tienes que ser flexible. En términos prácticos, aquí hay unos pocos ejemplos para ayudarte a ceder.

## Entiende que esto también pasará

Una pareja se mudó a nueva ciudad donde la esposa estaba luchando con una falta de pertenencia. Se estaba desquitando con su esposo, porque él hizo amigos más fácilmente y la iniciativa del cambio fue de él. El consejo que le di a ella fue: "Esto también pasará". Hay gente allí afuera esperando a que seas su amiga. Harás nuevas amistades. Esto toma tiempo. No puedes simplemente mudarte y tenerlo todo listo. Y lo más importante: recuerda que hacer nuevos amigos es divertido. Eres simpática. Reconoce que no eres la única que se siente así; todos hemos sido "el nuevo" en algún momento de la vida. En lugar de culpar a tu esposo, date cuenta de que cuentas con él como amigo primero que nada, y trabaja para construir una vida juntos en esta nueva ciudad.

## Algunas cosas simplemente son como son

Si le has pedido a tu pareja que ponga su ropa sucia directamente en el cesto a diario durante los últimos seis años, en lugar de culpar a tu suegra por no haber criado bien a tu pareja, puede ser el momento de aceptar que en tu realidad hay usualmente ropa sucia regada en el suelo. O puedes idear una solución creativa.

Yo soy una persona muy ordenada y Michael no tanto. Cuando estábamos recién casados, imagina mi conmoción al encontrar rastros de ropa dondequiera. ¡Yo no conocía esto de él! Después de tres años regañándolo para que colgara su ropa y cansada de oír mi propia voz, decidí que en vez de frustrarme porque no había logrado ningún progreso, tomé un momento para ver las razones por las que él era aparentemente muy inflexible y por qué su incapacidad para colgar su ropa me enojaba tanto. Me di cuenta acerca de mí misma que cuando veo suciedad o desorden, esto afecta mi humor. Michael, por otra parte, puede vestir camisas arrugadas toda la semana y aún así estar alegre. No era que él no se tomara en serio mi solicitud, sino que el desorden no lo afecta.

Le conseguí una silla que puse en la esquina de nuestra habitación en la que él pudiera apilar sus ropas toda la semana, y al llegar el viernes las colgaba. Ese fue un acuerdo que funcionó para ambos. Si usas este enfoque, ahora eres libre de dedicar tu energía y tiempo pensando en cosas más importantes que ropa amontonada.

# ¿Cuán importante es realmente?

La mayor parte del tiempo, las cosas que nos alteran y nos hacen hervir la sangre son bastante inconsecuentes. Como la ropa o, si vamos al caso, el pan tostado.

Jacob y Michelle son por lo demás personas muy equilibradas y amables, que se enfurecían indescriptiblemente uno con el otro por el nivel adecuado de tostado que una hogaza de pan debía tener para dar a un bebé en proceso de dentición. Había lágrimas, resentimientos. Incluso al día siguiente, había intentos de validar lo correcto de sus afirmaciones acerca del nivel apropiado de tostado. Obviamente, había problemas subyacentes que atizaban el conflicto sobre el pan tostado. Cuando te enfureces por algo absurdo, haz una pausa. Tan solo identificar que estás teniendo un momento "pan tostado" es todo lo que se necesita para restaurar la ligereza y la calma. Ahora bien, si hay un problema subyacente, sé flexible y decide reparar el inconveniente en la relación en vez de causar más daño.

Capítulo dieciséis

# Espejito, espejito...

No es poco común que las personas en relaciones deseen que sus parejas mejoren a fin de que coincidan con sus propios ideales. Pero la persona en la que creemos que nuestra pareja se debería convertir a menudo tiene poco fundamento en la realidad. Esto solamente termina limitando en lo que ellas pueden llegar a convertirse. No hay tal cosa como una persona ideal, pero con la visión provista por el espejo que tú y tu pareja se sostienen uno al otro, se pueden ayudar mutuamente a evolucionar. El problema es que cuando a las personas no les gusta lo que ven, culpan al espejo.

Rav Áshlag enseña que no podemos dar nombre a algo que no podamos imaginar. Cuando observamos quiénes somos y dónde queremos estar, esto es limitado porque todo está dentro del marco de lo que conocemos. Aquí es donde nuestra pareja nos puede ayudar si hace a un lado su propia idea de quiénes deberíamos ser y nos logra ver en términos de nuestro potencial. Considéralo de esta manera: si has estado ciego toda tu vida, un nuevo descubrimiento tecnológico puede hacer posible que tengas una operación que de pronto te permita ver. Una vez que te quiten los vendajes, técnicamente ya no estás ciego, pero te tomará tiempo entender qué es lo que estás mirando. Nuestro potencial funciona de manera muy parecida. Necesitamos situaciones y personas nuevas para revelar ese potencial oculto que poseemos. Esta es la importancia de tener a un colaborador y compañero de vida para mostrarnos estas situaciones; para ayudarnos a manifestar nuestro potencial y, a su vez, ayudarlo a manifestar el suyo.

La investigación sustenta esta idea de que podemos ayudar a que nuestra pareja se desarrolle en una mejor versión de sí misma. El profesor Stephen Michael Drigotas de la Universidad John Hopkins acuñó la frase "el fenómeno Miguel Ángel" para describir el proceso mediante el cual las parejas se esculpen gentilmente uno al otro en una versión más deseable del ser.[55] El fenómeno Miguel Ángel es la idea que todos tenemos una mejor versión de nosotros mismos esperando ser revelada con la ayuda de otra persona. El sociólogo Charles Horton Cooley se refería al fenómeno como "el espejo de sí mismo".

Para ilustrar este fenómeno, veamos el caso de Daniel y Jasmine. Daniel estaba asolado por preocuparse demasiado por lo que la gente pensaba y, al ser introvertido, todo esto lo convirtió en un espectador desapercibido. Entonces conoció a Jasmine. Ella se reía con los chistes de él, preparaba sus frases en las fiestas y siempre lo animaba a ser él mismo. Con Jasmine animándolo, Daniel se volvió más seguro. Pronto se convirtió en el alma de las fiestas y ganó la confianza que le faltó la mayor parte de su vida.

El asunto aquí no es arreglar lo que percibes como defectos en tu pareja. El fenómeno Miguel Ángel solamente funciona si la imagen ideal que tienes de tu pareja está alineada con su imagen ideal. En el caso de Jasmine y Daniel, ella lo ayudó a descubrir cualidades a las que él siempre había querido tener acceso. Él podía haber sido introvertido con otras personas, pero no con Jasmine. Ella amaba a la persona que vio en él, lo ayudó a compartir esa persona especial con los demás y, en el proceso, cambió la percepción que tenía de sí mismo.

Por el contrario, si un hombre desea esculpir a su esposa como Marilyn Monroe cuando ella aspira a ser más como Juana de Arco, esto indudablemente va a causar disonancia. No porque una imagen sea mejor o peor, sino porque están en desacuerdo. Una imagen es fiel a ella y la otra es quien él quiere que ella sea. Para beneficiarse del fenómeno Miguel Ángel, necesitamos estar comprometidos a convertirnos en nuestro ser auténtico, en lugar de la versión que alguien más aspira para nosotros.

"He tenido al menos tres matrimonios. Todos han sido con la misma persona". —Ada Calhoun[56]

No es una sorpresa que también haya un lado oscuro en esta capacidad de influirse mutuamente. Las parejas pueden impulsar uno al otro a acercarse o alejarse de su visión ideal del ser. Cuando una pareja actúa de manera que limita tu potencial al tratar de imponer su idea de cómo debes ser, esto se conoce como el efecto Golem,[57] que es lo apuesto al fenómeno Miguel Ángel. El efecto Golem ilustra cómo nuestro desempeño sufre cuando alguien nos fija bajas expectativas. Así como podemos apoyar y moldear suavemente a nuestra pareja en un sentido positivo, también tenemos el poder para desanimar a nuestra pareja al enfocarnos demasiado en lo que no está haciendo, cómo no se está comportando y qué no está dando.

¿Animas a tu pareja a crecer de maneras positivas? ¿O eres rápido en señalar aquello en lo que se queda corta? ¿Etiquetas a tu pareja como reprimido, desconsiderado, crítico o frío?

No puedo dejar de enfatizar lo importante que es no etiquetar a quienes amamos. Al no asignarles una sola cosa, les permitimos ser muchísimas cosas.

Miguel Ángel ha dicho de sus creaciones, tales como sus esculturas de David y Moisés, que ellos ya estaban dentro de los bloques de mármol antes de que él empezara a esculpirlos. En las mejores relaciones, no solo tú estás pensando en quién deseas ser, sino que tu pareja también lo está pensando. Está deseando ayudarte a que llegues ahí al volverse tu aliado en esculpir tu ser ideal y sacar a la persona que deseas volverte. Este proceso puede conducir a un crecimiento personal y a una satisfacción duradera tanto en la vida como en la relación. Una pareja ideal apoya tus sueños, características y las cualidades que deseas desarrollar, ya sea que las hayas articulado completamente o no.

Yo siempre he tenido la misma motivación para el trabajo que hago. Siempre ha consistido en elevar la conciencia y empoderarme a mí y a los demás para vivir vidas felices y plenas. Aunque mi motivación no cambió, la manera en que quería expresarla lo hizo. Antes de que mi deseo cambiara, me sentaba detrás de un escritorio y realizaba un trabajo importante, pero no me conectaba con la gente de una manera real, íntima; de la manera que realmente anhelaba y sabía en el fondo de mi ser que sería de gran beneficio para mí y el mundo. Ya no me sentía inspirada o satisfecha. Ya no sentía que esto era lo que se suponía que debía estar haciendo. Así que por un año tuve dificultades para descifrar cómo avanzar.

En todos estos años, compartía con Michael mi deseo creciente de hablar en público, escribir y servir como mentora. Le decía: "Tener semejante deseo es intimidante". Tenía miedo al fracaso y una mentalidad de "más vale malo conocido que bueno por conocer". Me sentía vacilante. ¿Debía hacerlo? Y Michael me dijo: "¿Sabes qué, Monica? Mucha gente en este mundo preferiría que tan solo estuvieras sentada detrás de ese escritorio por el resto de tu vida; les parecería perfectamente bien que te dedicaras a eso. Pero si sientes que esto es lo que necesitas hacer, entonces sal y hazlo. Yo creo en ti. Es tiempo de que empieces a creer en ti misma".

Las palabras de Michael me ofrecieron un importante momento revelador, porque lo que había dicho era verdadero y simple, pero profundo. Aunque fallara o tuviera éxito, necesitaba probar. Solo hizo falta que él creyera en mí lo suficiente para ambos y, a través de sus palabras, sentí que él estaba comenzando a cincelar mi potencial no alcanzado.

## PRINCIPIO KABBALÍSTICO:

En un nivel espiritual, la energía llega a este mundo sin forma; la manera en que pensamos acerca de las cosas y la manera en que hablamos de ellas hace que la forma se manifieste.

........

Si las parejas se critican con frecuencia y tienen pensamientos tales como: "Tiene una pésima actitud", "No puedo creer que haya elegido eso otra vez", "Eso está muy mal", entonces han traído una cantidad equivalente de oscuridad a su vida. Esta es una enseñanza poderosa, pero no tiene que inspirar miedo o pavor. Puede ser una increíble herramienta para la autoconsciencia. Cada uno tiene positivo y negativo; la dualidad es una parte necesaria de nuestra vida, pero elige concentrarte en lo positivo y alienta el crecimiento de tu pareja.

Capítulo diecisiete

# ¿Qué estás diciendo?

**"Guarda tu lengua del mal y tus labios de hablar engaño. Apártate del mal y haz el bien, busca la paz y síguela". —Salmos 34:13-15**

· · · · · · · ·

Los kabbalistas enseñan que cuando dejamos este mundo, nos repiten todas las cosas que hemos dicho. Tómate un momento para asimilar eso: te repiten cada palabra que has pronunciado. Gracias a esta frase, y probablemente con una gran conmoción, al fin entendemos el poder de nuestras palabras. Desafortunadamente, solo llegaremos a apreciar a totalidad el poder del habla después de que dejamos este mundo.

Hasta las frases más inocuas pueden causar daño. Siento que siempre estoy corrigiendo a mis amigos cuando dicen cosas como: "Me podía morir de la vergüenza" o "Esto me está matando". Esta clase de habla, aunque parece inocente, no podría ser más perjudicial. Esta es la manera en que la mayoría de las personas hablan sin siquiera notarlo.

- "Ella es sumamente egoísta".
- "Estoy muy enojada con él. ¡Podría estrangularlo!".
- "Acaban de comprar un auto nuevo, ¡pero están atrasados tres meses en el pago del servicio eléctrico!".
- "¿Puedes creer la forma en que trata a su hijastra?".

Si eres humano, esas cortas frases probablemente despertaron tu interés. "¡Cuéntame más!", grita todo en tu psique. Es normal. La mayor parte del tiempo, nuestra vida está dominada por influencias externas. Por alguien o algo que nos altera: un suceso político, un comentario sarcástico de un compañero de trabajo, o una acción aparentemente contra nosotros por parte de un amigo o familiar. ¿Cuántas veces has contactado a un amigo expresando la necesidad de desahogarte por algo que te está molestando? Muy a menudo, estoy segura. Si bien esto no es inherentemente malo — comunicar nuestros sentimientos de una manera consciente en realidad es algo bueno—, si no somos cuidadosos, pasaremos de expresar una frustración al chismorreo.

El diccionario Merriam-Webster define *gossip* (chismoso) como "una persona que habitualmente revela hechos personales o sensacionales acerca de los demás" y "un rumor o reporte de una naturaleza íntima".

El habla maliciosa, o lo que los kabbalistas mencionan como *lashón hará*, que quiere decir "mala lengua" en hebreo, es la peor forma de oscuridad. Se puede comprender el *lashón hará* con esta historia de un tendero que vivía en un pueblo pequeño. Era un hombre agradable, pero tenía el hábito desagradable de chismear. Disfrutaba de toda la atención de la gente que paraba en su tienda para oír los nuevos rumores. Él sabía que lo que hacía estaba mal, pero no podía evitar hacerlo. Un día, oyó la historia más indignante acerca de otro hombre en el pueblo. Sabía que si esta historia se difundía dañaría la reputación del hombre, pero el cuento era tan jugoso que no pudo resistir, así que se lo dijo a algunas personas.

Al oír el horrible rumor acerca de él, el hombre acudió desesperado al alcalde del pueblo. "¿Qué voy a hacer?", sollozaba. "¡Si la gente cree esto de mí, estaré arruinado!".

El alcalde, conociendo quién había regado el rumor, habló con el tendero. El tendero se sintió mal porque el hombre estaba tan molesto, pero, después de todo, él no comenzó el rumor y sinceramente, ¿qué tan malo sería solo repetir una historia? El alcalde preguntó al tendero si tenía un cojín de plumas y luego le dio instrucciones de llevar afuera el cojín y cortarlo para que quedara abierto.

"¡Pero es eso será un lío!", protestó el tendero. Pero el alcalde insistió y el tendero finalmente rasgó el cojín. Ocurrió que un viento fuerte barría el pueblo ese día, así que todas las plumas escaparon de la funda del cojín arremolinándose en una nube y se esparcieron en el aire. Algunas volaron a las ventanas de la gente, otras aterrizaron en los árboles y otras más se esparcieron sobre los terrenos cercanos de los granjeros.

"Ahora pon todas las plumas de regreso en la funda de del cojín", instruyó el alcalde.

"¡Pero no puedo!", protestó el tendero. "Ahora todas están regadas por todo el pueblo. ¡Algunas se fueron para siempre!". "Exactamente. Una vez que una palabra sale de tu boca vuela en las alas del viento y nunca la puedes recuperar".

Esta historia ilustra claramente la verdad universal: una vez que se dice una palabra negativa, está dicha. Una vez que la gente ha escuchado chismes, las palabras los cambian. Tienen nuevas percepciones basadas en el chisme y esas nuevas percepciones no se pueden borrar con facilidad. La próxima vez que te sientas tentado a compartir una historia jugosa o a escuchar una, pásala a través de la prueba del triple filtro de Sócrates.

Un día, uno de los estudiantes de Sócrates se acercó a él y le compartió con emoción: "Sócrates, acabo de oír una noticia sobre uno de tus amigos".

"Antes de que me cuentes esta noticia, debemos asegurarnos de que pase por la prueba del filtro triple", respondió Sócrates.

"¿Cuál es esa?", preguntó el estudiante.

"La primera prueba es la verdad. ¿Sabes que lo que estás a punto de contarme es absolutamente cierto?", preguntó Sócrates. El hombre pensó, y luego respondió: "Oí esto de alguien más, así que no estoy seguro de que todo sea cierto".

"El segundo filtro es la bondad. ¿Lo que me vas a decir es algo bueno?", preguntó Sócrates.

"No, no es bueno", respondió su estudiante.

"Entonces lo que me tienes que contar no es ni cierto ni bueno", contestó Sócrates.

El hombre estaba avergonzado. Sócrates continuó: "El tercer y último filtro es la utilidad. ¿Lo que tienes para compartir es útil?".

"Probablemente no", respondió el hombre.

"Si no me vas a decir algo cierto, bueno o útil, entonces ¿para qué contármelo?".

El habla maliciosa es más que tan solo hablar negativamente de alguien más; también incluye esos momentos en que hablamos con enojo y cuando hablamos acerca de nosotros mismos en forma despectiva. Así como chismear y decir cosas airadas o negativas a otros es peligroso, también lo es sentarse y hablar de cuán malas son las cosas o cuán malas se pondrán.

## PRINCIPIO KABBALÍSTICO:

Cada acción que realizamos, cada emoción que mostramos y cada palabra que hablamos es reflejada por el universo en nuestra vida en igual medida y en un tono idéntico.

· · · · · · · ·

Hay una pareja que se aman mucho uno al otro, pero cuando pelean la esposa habitualmente dice: "¡Quiero el divorcio!". Cada vez. Ella sabe que no debería pronunciar esas palabras, pero no se puede controlar. Después, ella siempre se siente terrible, lógicamente. Después de que tuvimos largas conversaciones, llegó a percibir cuán afectada estaba por el duro divorcio de sus padres, el cual llevó diez años en resolverse. Cada discusión con su esposo la transporta a su niñez, donde todos los caminos conducían finalmente a un resultado doloroso: el divorcio.

"Habla cuando estés enojado y dirás el mejor discurso que siempre lamentarás". —Groucho Marx [58]

No importa cuán fuertes puedan ser nuestras razones, algunas cosas nunca deben decirse. Rav Berg lo expresó de esta manera: "Puede tomar dos segundos destruir algo que tomó años construir". Este es el poder de las palabras.

Imagina que estás plantando un huerto, y ese huerto es tu vida. Puedes plantar semillas para manzanos u olivos, lo que se te ocurra, pero la decisión más importante debe tomarse antes sembrar la semilla.

Una vez que la sembraste, la suerte está echada. Lo mismo ocurre con las palabras: cuando todavía estás formándolas en tu mente, puedes expresarlas de la manera que escojas. Pero una vez que son pronunciadas, no hay vuelta atrás. A nivel potencial, puedes cambiarlo todo. Sin embargo, una vez que se manifiesta, ya no puedes. Un manzano no puede producir aceitunas, así como una palabra negativa no puede crear resultados positivos. Es por esto que es tan importante vigilar lo que dices y abstenerte del habla maliciosa tanto como sea posible. Especialmente en las relaciones románticas, la unión y la intimidad que comparten pueden ser rotas por palabras negativas. Es por esta razón que durante una boda kabbalística el novio rompe un vaso de vidrio. El vidrio representa el matrimonio, lo cual nos recuerda ser gentiles uno con el otro, no sea que hagamos un daño irreparable a la relación. Aquí reconocemos que habrá momentos durante el matrimonio en que podríamos dañar la relación a través de nuestras acciones o palabras. Cuando se rompe un vaso y se rompe en miles de pedazos, no hay nada que pueda devolverlo a su forma original.

Con atención plena, podemos empezar a cambiar nuestra conciencia para ver lo bueno en los demás (y en nosotros mismos), lo cual naturalmente cambia la manera en que hablamos.

Si quieres conocer a una persona, tienes que escuchar lo que sale de su boca o, más importante aún, cuáles son las cosas que considera importantes. ¿Cuáles son las ideas que promueve?

Las conversaciones que tenemos contienen pistas e indicaciones de nuestro estado de conciencia. Por ejemplo: una persona que en una conversación exalta actos de bondad, un compromiso con el crecimiento y la generosidad, valora lo mismo. Si hay pensamientos negativos en tu mente, las palabras negativas inevitablemente saldrán de tu boca.

David Foster Wallace se refirió elocuentemente a esta idea al comienzo de un discurso que dio:

"En las trincheras de la vida adulta, realmente no hay tal cosa como ateísmo. No hay tal cosa como no idolatrar. Todos idolatran. La única opción es qué idolatramos. Y una razón sobresaliente para escoger a algún tipo de Dios o cosa de tipo espiritual para idolatrar —sea J. C. o Alá; sea Jehová o la diosa madre de los Wican, o las Cuatro Nobles Verdades o un conjunto de principios éticos inquebrantables— es que casi cualquier otra cosa que idolatras te comerá vivo. Si idolatras el dinero y la cosas —si esto es de donde obtienes tu verdadero significado en la vida— entonces nunca tendrás suficiente. Nunca sentirás que tienes suficiente. Es la verdad. Idolatra tu propio cuerpo y belleza y atractivo sexual, y siempre te sentirás feo; y cuando el tiempo y la edad se empiecen a notar, morirás un millón de muertes antes de que finalmente te planten bajo tierra. En un nivel, todos ya sabemos esto; está codificado como mitos, proverbios, clichés, perogrulladas, epigramas, parábolas: el esqueleto de toda gran historia. El truco es mantener la verdad al frente en nuestra conciencia diaria. Al idolatrar el poder, te sentirás débil y temeroso, y siempre necesitarás ejercer más poder sobre los demás para mantener alejado al miedo. Idolatra tu intelecto, que te consideren inteligente, y acabarás sintiéndote estúpido, un fraude, siempre a punto de que te descubran".[59]

Lo que idolatramos, lo que exaltamos, se vuelve nuestra vida; tanto en nuestros pensamientos como en nuestras palabras. La pregunta no es si eres perfecto o estás haciendo solamente acciones positivas y no negativas. La pregunta es: ¿qué es lo más venerado en tu mente?

Si lo más venerado en tu mente es tu conexión con el Creador, entonces estás conectado a tu fuente.

Hay una parábola de un maestro espiritual que caminaba con sus estudiantes cuando se encontraron el cadáver de una vaca en estado avanzado de descomposición. Los estudiantes le dijeron a su maestro: "¡Esa vaca huele horrible!". El maestro respondió: "Saben, no estoy seguro acerca del olor, pero miren cuán blancos son los dientes de la vaca".

Y por la forma como dijo esto, sus estudiantes empezaron a sentirse mal por comentar sobre el olor del animal muerto. Entendieron que si es malo hablar negativamente de una vaca muerta en descomposición, cuánto más lo es hablar negativamente acerca de una persona.

Si es positivo encontrar algo bueno en el cadáver descompuesto de una vaca, cuánto más importante es encontrar lo bueno en la gente y hablar acerca de ello. Es posible encontrar algo bueno hasta en la situación más angustiante; mira los dientes blancos de la vaca descomponiéndose. Quizá el gran maestro olió el cadáver, pero conscientemente no se estaba conectando con eso. Sabía que si quería conectarse con la Luz, debía buscar lo bueno.

Solamente tienes dos opciones para conectarte en esta vida. Puedes conectarte al estado de bondad, que significa ver lo bueno dentro de ti, alguien más o tus circunstancias.

O puedes conectarte a todo lo que está mal, y SIEMPRE habrá algo que puedes encontrar.

Antes de hablar, piensa en el efecto que tus palabras tendrán.

## Si tus palabras no respaldan lo que intentas aportar al mundo, no las digas.

Capítulo dieciocho

# Batalla espiritual

Cuando reaccionamos sin pensar, ya nos encontramos en arenas movedizas. Uno de los principios básicos de la Kabbalah es que, cuando reaccionamos ante una persona, ya sea con rabia o cualquier otra emoción negativa, nos volvemos el efecto y no la causa de nuestra vida. ¿Qué quiero decir con esto? Que hay dos clases de comportamiento: proactivo y reactivo.

## PRINCIPIO KABBALÍSTICO:

Cuando ocurren desafíos en nuestra vida, podemos escoger tener una conciencia proactiva o una reactiva.

........

Cuando eres proactivo, estás moldeando activamente tu vida de la manera que deseas que sea; tú eres la causa. La conciencia proactiva resulta en una incomodidad momentánea, pero una satisfacción a largo plazo. Por el contrario, cuando eres reactivo, estás respondiendo a lo que surja, de modo que eres el efecto; estás entregando tu poder. La conciencia reactiva resulta en pensamientos, palabras y acciones que crean satisfacción inmediata pero caos a largo plazo. La conducta reactiva es una respuesta basada en el ego ante algo que te molesta, sin tomar un momento para considerar el panorama completo o la perspectiva de la otra persona. Esto es lo que crea la mayor parte de las discusiones entre parejas.

Aquí es donde entra la herramienta kabbalística de la restricción. La restricción es la práctica de no reaccionar ante una situación desafiante; no arremeter con rabia o no hablar cruelmente cuando somos confrontados con una conducta o unas circunstancias adversas.

# La Fórmula Proactiva

**Paso 1: Haz una pausa antes de reaccionar.** Cuando un obstáculo o reto se presenta, recuerda que tu reacción —no el inconveniente— es el verdadero problema. Los sucesos en nuestra vida son inherentemente neutrales, solo se vuelven "buenos" o "malos" una vez que reaccionamos a ellos. Presta atención a lo que te altera para ayudarte a evitar esos desencadenantes. Identifica por qué te estás sintiendo enojado o reactivo.

Recuerda alguna vez que perdiste los estribos. ¿Te detuviste para examinar por qué estabas frustrado o simplemente reaccionaste? Anteriormente, hablé de sentir tus emociones pero no convertirte en la emoción. La fórmula proactiva es la herramienta perfecta para transitar tus emociones. Recordar traer esta conciencia lógica a los momentos en que estás alterado, incluso ligeramente, te ayudará a mitigar tu reactividad.

**Paso 2: Ejerce la restricción.** Una vez que has identificado un desencadenante cuando este se presenta, tómate un momento antes de responder. Pide ayuda a la Luz para encontrar la mejor solución proactiva. En momentos de tensión, busca una respuesta que promueva la paz. Si reaccionas, respira profundo varias veces y recuerda que el enojo y la crítica solo crean separación y caos. Tu creciente conciencia de la restricción como una herramienta te ayudará mucho en crear unión en tu relación.

El concepto de restricción es un poco engañoso porque es fácilmente confundido con represión. La represión implica ignorar o hacer a un lado tus verdaderos pensamientos y sentimientos. Crea tanto caos como la reactividad.

**Paso 3: Realiza una acción proactiva.** Comprende que la situación presente es una oportunidad para ti. Si no estás seguro cuál decisión es reactiva y cuál proactiva, el camino más rápido a la claridad es preguntarte cuál opción requiere el mayor esfuerzo. Las decisiones proactivas en las relaciones usualmente no son cómodas o gratificantes, pero crean confianza y cercanía. Las decisiones negativas (como desahogar tu enojo con una diatriba hostil) dan gratificación instantánea, pero finalmente crean mayores complicaciones. Escoge la respuesta que te pide ser la persona madura, aun si esto te exige más de lo que crees que puedes dar en ese momento.

Como sabemos, el enojo es una de las principales respuestas reactivas y tiende a ser el mayor desafío para las parejas. El enojo es nuestra reacción cuando nos sentimos ofendidos, maltratados o rechazados, y con frecuencia atiza un deseo instantáneo de represalia. Aprender una respuesta alternativa, en este caso, una manera de usar tu enojo como una herramienta para el crecimiento, proporciona un beneficio enorme.

"La ira es como beber veneno y esperar que el otro muera". —Buda

## La fisiología de la ira

Hasta ahora, hemos mencionado la ira varias veces, pero todavía no hemos visto cómo la ira se manifiesta fisiológicamente en hombres y mujeres. Quizá te sorprenda saber que, en algunas formas, es diferente. No obstante, todos compartimos un proceso en el cual nuestro ritmo cardíaco aumenta, preparándonos para actuar; la sangre fluye a nuestras manos, preparándolas para golpear, nuestra presión sanguínea y nuestro nivel de adrenalina se elevan. Investigadores han hecho estudios sobre los efectos fisiológicos de discutir y los cambios mensurables que ocurren en nuestro cuerpo cuando peleamos.

Cuando pensamos en cosas que nos hieren, aun cuando no están ocurriendo, al menos no en nuestra presencia, nuestro cuerpo de igual modo reacciona como si estuviera en peligro. Activa lo que es conocido como la respuesta de defensa o huida. El cuerpo libera hormonas del estrés con el fin de prepararnos para responder al peligro, ya sea a través de pelear en defensa o huir, mientras que el hígado vacía colesterol en nuestra sangre para que podamos coagular más fácilmente en caso de pérdida de sangre.

Cuando estamos teniendo un pleito o desacuerdo, los hombres y las mujeres típicamente procesan sus emociones de manera diferente. A las mujeres les cuesta separar sus experiencias personales de los problemas, mientras que los hombres tienden a separar o eliminar su conexión personal del problema. Los hombres tienden a poder concentrarse, o hacer, una sola cosa a la vez; a diferencia de las mujeres, que tienen la capacidad de enfocarse en múltiples cosas a la vez, teniendo una vista amplia de un problema y considerando las soluciones en términos de su interconectividad.

Cuando estés en desacuerdo con tu pareja, recuerda que los hombres tienden a considerar los problemas uno a la vez. De hecho, son propensos a minimizar detalles que pueden ser cruciales para llegar a una solución. Y, a diferencia de las mujeres, el hombre puede examinar el mismo problema —incluso hablar de lo mismo una y otra vez— en vez de tratar todo el problema a la vez como tienden a hacerlo las mujeres.

En una discusión típica, las mujeres hacen demandas y los hombres, en respuesta, se cierran y se retiran, ¡cosa que a su vez enfurece a las mujeres! Esta dinámica de demanda y retiro es un patrón clásico que creo que todos hemos experimentado. Pero he aquí el detalle esclarecedor: cada respuesta tiene resultados contundentes en el cuerpo. Ocurre algo fisiológico cuando un hombre se cierra. A él le parece relajante retirarse del conflicto; su ritmo cardíaco baja y su respiración se ralentiza cuando él se aleja. Aun para el macho alfa que nunca se abstiene de una riña, la vitalidad es importante, y finalmente, todos los hombres se retiran para mantener su equilibrio.

Por otra parte, la respuesta de las mujeres ante la retirada de su pareja es una frustración creciente, preguntándose: "¿Por qué no me habla?". Su ritmo cardíaco aumenta y su respiración se vuelve poco profunda y corta. Mientras más se retira él, más ella se altera fisiológicamente. El cuerpo está fundamentalmente involucrado en la relación, pero pocos de nosotros ponemos atención a esto. Los hombres se abruman con más facilidad que sus esposas por los conflictos maritales. Quizás tú no lo pienses así, pero es verdad. A los hombres les toma más tiempo recuperarse de sonidos fuertes que a las mujeres. Esto es porque el sistema cardiovascular masculino permanece más reactivo que el femenino, y es más lento para recuperarse del estrés.

Entender esto nos permite tener empatía uno con el otro. Para las mujeres, esa conducta de retirada que nos enloquece tanto es muy calmante para él. Él no puede responder de ninguna otra manera, así que déjalo que se retire, pero asegúrate de decirle que regrese en diez minutos. Y hombres: sepan que cuando se retiran, esto alterará naturalmente a las mujeres. Nadie puede leer la mente, así que simplemente digan: "Necesito cinco o diez minutos, y entonces podremos hablar de esto". Nada más. Así de simple. Los hombres no se cierran porque no valoren lo que su pareja tiene que decir o porque quieran hacerlas enojar; simplemente responden al estrés de manera diferente. Por el contrario, las mujeres no quieren regañar o sermonear, por lo que ser capaces de dar un paso atrás y decir: "Muy bien, te doy el tiempo" puede ser un cambio igual de simple que crea grandes recompensas.

## Tres tipos de ira

Los psicólogos han dividido la ira en tres tipos diferentes. El primero es la ira **apresurada y súbita**, y está conectada a nuestro impulso de autopreservación. Es similar a la respuesta primitiva que los animales muestran cuando se sienten amenazados. Puede ocurrir cuando nos sentimos atormentados o atrapados, cuando estamos en peligro físico o, por ejemplo, cuando un auto se nos atraviesa en la autopista. Al igual que los animales, cuando sentimos ira súbitamente, hacemos sonidos fuertes en un intento de parecer más grandes e intimidantes. Miramos con furia como una advertencia a los agresores a fin de que detengan su conducta amenazante. Cuando la persona persiste en este tipo de enojo, hace cosas que de otro modo no haría.

Cuántas veces alguien nos ha dicho después de que estallara en ira: "Lo siento mucho. No sé qué me sucedió. Ese no soy yo". Esto nos recuerda a la historia de Tiger Woods. Cuando su esposa descubrió que la estaba engañando, ella llevó sus palos de golf al auto de él, pero no estaba ayudándolo a ponerlos en el maletero; ¡los usó para romper todas las ventanillas![60] Normalmente, a ella probablemente jamás se le habría ocurrido hacer eso, pero en medio de su respuesta de defensa o huida, se podría decir que estaba fuera de quicio.

Es por esto que los kabbalistas dicen que cuando estás enojado debes esperar tres días antes de hablar con la persona que te ofendió. Para ese entonces, estarás libre de la emoción. Esto puede resultar más difícil en una relación romántica, así que no te estoy sugiriendo que evites a tu pareja por tres días, pero puedes elegir no mencionar el asunto hasta que la emoción haya pasado. Entonces, con la mente clara, si esto todavía te molesta, puedes escoger decir algo o no.

Como otra opción, puedes hacer una cita para hablar de esto una vez que no te dejes llevar por las emociones y estés de acuerdo en ser cordial hasta que las cosas se resuelvan. Sin el período de espera, es mucho más probable que tu ego esté liderando, reaccionando a lo que sea que te moleste. Con el tiempo, con la práctica, los tres días se volverán dos y luego uno, hasta que no necesites tanto espacio para tratar los asuntos.

El segundo tipo de ira es **decidida y deliberada**, la cual a menudo se manifiesta por el rechazo que una persona tiene por su pareja. Es intencional. Un ejemplo claro de esto se puede encontrar en una pareja que asesoré, que tenía un acuerdo postnupcial. Este es similar a un acuerdo prenupcial, pero ocurre después del matrimonio. Fue arreglado a petición de la esposa; si bien la pareja tenía hijos y estaban comprometidos de lleno a hacer que el matrimonio funcionara, ella se sentía insegura y decidió tomar el control de lo único que podía. Ella estaba por recibir una importante herencia, y aunque estaba segura de que su marido no se había casado con ella únicamente por su dinero, se preguntaba si esa era la razón por la que él se quedaba. El acuerdo postnupcial fue una reacción a su sentimiento, y en lugar de manejar esto proactivamente, escogió proteger el dinero que estaba por heredar, lo cual en realidad fue una manera de protegerse a sí misma. Han pasado tres años y su marido todavía no puede superar el dolor de la experiencia. Él reacciona siendo distante con ella, no constantemente, pero con la suficiente frecuencia para que ella se sienta rechazada. A veces él es pasivo-agresivo, emocionalmente incoherente y se comporta de forma injusta. Ella sabe que él es capaz de comportarse mejor debido a la manera como solían ser las cosas, y ve como él trata muy bien a sus hijos. La reactividad de ella, que surgió del temor a ser rechazada por él, creó un ambiente en el que él se sintió inseguro e irrespetado por ella, e hizo que la rechazara. Ella creó exactamente lo que no deseaba cuando reaccionó con ira deliberada y premeditada.

Si se quiere superar un obstáculo como este, alguien tiene que estar dispuesto a ceder. Ceder es el único camino para salir de la naturaleza cíclica de la reacción y el alejamiento. Yo sugerí que fuera ella quien lo hiciera, dando los pasos para abrirse mucho más con su pareja, compartiendo sus razones para el acuerdo postnupcial y alentándolo a que intente superar su propio dolor causado por este asunto. Como broma, me refiero a ceder como tomar el camino menos transitado porque muy pocos están dispuestos a ceder. Un ejemplo de esto puede ser que en lugar de tomarte los desaires de forma personal, aun cuando se sientan deliberados, reconoce que tu pareja está actuando por el dolor.

Si tu pareja no quiere inmediatamente lo que le ofreces, esto no significa que lo que estás ofreciendo no sea valioso. Solo significa que no está dispuesta a aceptarlo en este preciso momento. Aunque el rechazo puede conducir a una espiral de inseguridad, el objetivo sigue siendo el mismo. El reto está en no tomárselo a modo personal.

Aquí hay otro enfoque. Cuando tu pareja se altera, imagina que es un niño haciendo un berrinche. No quiero decir que debas ser condescendiente, todo lo contrario. Cuando mi hija menor tenía tres años, se alteraba y comenzaba a gritar, llorar y decir cosas muy hirientes. Cualquiera se daba cuenta de que no lo decía en serio. En vez de reaccionar a lo que estaba diciendo, la miraba a los ojos y decía: "Sé que estás decepcionada". Yo abría los brazos y ella corría a abrazarme. La mayor parte del tiempo, cuando la gente que amamos está molesta y dice cosas hirientes, todo lo que realmente desea es amor y aceptación.

Cuando tu pareja te dice ciertas palabras y sientes como que te hubiesen golpeado en el estómago, trata de hacer una pausa y ver si está actuando por su dolor. Cuando quieres gritar y defenderte, ese es el momento de componerte, practicar la restricción y ver la carencia detrás de sus palabras. Por otro lado, si tú eres la persona sintiendo el enojo, aún así te conviene ponerte en el lugar del otro. Si tu objetivo es que tu pareja entienda cómo te sientes, causarle dolor te traerá exactamente lo opuesto de lo que estás buscando.

El tercer tipo es llamado **ira disposicional**, y esto se relaciona más con el carácter, con quien tiende a ser muy irritable o de poca paciencia. Conocer la tendencia de tu pareja —y la tuya propia— puede ayudarte a desarrollar estrategias para manejar el conflicto más efectivamente.

Ben era un doctor prominente en Beverly Hills con un consultorio próspero, muy querido por sus pacientes. Vivía en una casa hermosa con su esposa y tres hijos. Desde afuera, él tenía todo: riqueza, respeto y amor. Pero Ben era un adicto a la ira. Todos los días estallaba en berrinches tan espectaculares que era difícil creer que alguien pudiera enojarse tanto. Ben murió a los 56 años de insuficiencia cardíaca, lo cual probablemente sea más que una coincidencia. Alguien que es permanentemente iracundo a menudo sufre de una infinidad de problemas de salud, incluyendo colesterol alto o cardiopatías. Tu cuerpo no puede soportar tanto abuso.

La ira en todas sus formas puede ser perjudicial. La ira es una fuerza poderosa, como el fuego. Cuando no se respeta y se descuida, el fuego se convierte en una de las fuerzas más destructivas en la tierra. Sin embargo, también puede ser un motivador maravilloso. El reverendo Dr. Martin Luther King Jr. usó su enojo por la segregación y la desigualdad de derechos para cambiar las leyes electorales en este país y para impulsar el movimiento por los derechos civiles. La organización *MADD* (*Mothers Against Drunk Driving* – madres contra conductores ebrios) fue creada por Candace Lightner después de que su hija de trece años, Cari, muriera debido a un conductor ebrio. Yo aliento activamente a mi hijo Josh debido a los retos que el síndrome de Down presenta. Cuando veo que lo están tratando de forma injusta, uso mi enojo para luchar contra las injusticias que él encara.

# Cómo encontrar tu estilo de combate particular

"La parte difícil en una discusión no es defender tu opinión, sino más bien conocerla". —Andre Maurois [61]

**Pregunta:** ¿Cómo lograron que su matrimonio durara 35 años?
**Respuesta:** Nunca hemos querido el divorcio al mismo tiempo.

Yo me preocupo cuando las parejas no discuten. Discutir tiene mala reputación, pero he descubierto que es saludable. En mi experiencia, las parejas entran en dos categorías: aquellas que sienten tanto fervor por su relación como para discutir, y aquellas que no discuten porque se han rendido. Entonces, "de pronto" (aunque en realidad no hay tal cosa como "de pronto"), una pareja que siempre pareció feliz se divorcia. Lo crean o no, hay una gran importancia en discutir y encontrar tu propio estilo de combate.

Al fijar las reglas, lo primero que debemos preguntarnos es: cuando peleamos, ¿cuál es el resultado que deseamos alcanzar? ¿Sentirnos empoderados? ¿Recibir respeto? ¿Que nos escuchen? ¿Dejar que tu pareja sepa lo enojado que estás? Ahora pregúntate: ¿Mi enojo, ya sea expresado como el trato silencioso o arranques de furia, me lleva al resultado que estoy buscando? La respuesta usualmente es no. Temprano en nuestro matrimonio, en el cuarto año, para ser específicos, Michael y yo descubrimos nuestro estilo de combate. El estilo que yo había estado usando era una de escalada. Yo me alteraba por una pequeñez y el sentimiento crecía y crecía hasta que estaba encendida de furia. A menudo no tenía nada que ver con aquello por lo que peleábamos. Estaba basado en un montón de otras frustraciones. Mientras que Michael se cerraba por completo. Convenimos en que ningún estilo estaba funcionando. Se nos ocurrió un plan para manejar conflictos futuros de una manera con la que ambos nos sintiéramos cómodos.

Hay una regla fundamental que siempre debe respetarse durante una discusión, y es que nadie debe dar golpes bajos. Hay algunas cosas que simplemente no se pueden decir sin arriesgar seriamente la relación. "¡Estás actuando como tu madre y yo la odio!" entra en esa categoría. Otros ejemplos incluyen desear cosas malas para tu pareja, insultarla o maldecir el día en que nació. Michael y yo discutimos, pero la discusión nunca incluye golpes bajos y siempre toma en cuenta la dignidad humana. Discutimos, no gritamos, y hablamos desde un lugar abierto, vulnerable. Somos sinceros acerca de lo que estamos sintiendo y tratamos de usar frases con el pronombre "yo" en lugar de "tú". Nuestro estilo de combate es más o menos así. Hacemos un preámbulo a la discusión con: "[YO] Espero que de verdad puedas oír lo que estoy diciendo. No estoy tratando de lastimarte. Tan solo quiero expresar lo que pienso". Confiamos uno en el otro con nuestras vulnerabilidades y, por lo tanto, cuando peleamos, es seguro discutir cómo nos sentimos y expresarnos sin temor a ser criticados o castigados posteriormente. Esto toma años de práctica, pero se puede lograr. Todo parte de la intención de que tu relación sea de esta manera. A estas alturas, nos conocemos mutuamente tan bien que, en medio de una pelea, nos comenzamos a reír o nos sacamos la lengua. Nuestra ligereza derrite cualquier sentimiento de mala voluntad.

Aunque con demasiada frecuencia, cada persona puede determinarse a ganar, concentrándose en cuán herido se pueda sentir y en demostrar que tiene razón y que su pareja está equivocada. A la larga, las líneas de comunicación se rompen o, lo que es peor, la pareja puede cerrarse emocionalmente por completo. Cada comentario y vulnerabilidad sirve de artillería cuando la discusión se intensifica. Como dice en Proverbios 12:18: "Hay quien habla sin tino como golpes de espada, pero la lengua de los sabios sana". Muy a menudo las parejas usan los errores pasados del otro en su contra, y la unión y la intimidad pueden ser destrozadas. Un individuo herido puede decir cualquier mentira (u omitir hechos o detalles importantes, que realmente es lo mismo) que se le ocurra para disponerse a "ganar". En realidad, se está armando para ganar la batalla, pero perder la guerra.

He aquí un ejemplo de cómo Michael y yo una vez evitamos completamente una pelea. Junto con nuestra hija menor, fuimos en auto a Pensilvania a visitar a nuestros dos hijos del medio en un campamento interno. Nos divertimos mucho viendo a nuestros adolescentes, pero fue un día muy largo. De modo que de regreso a casa no solo estábamos cansados, sino que nos sentíamos mugrientos. ¿Conoces esa capa de suciedad que se adhiere al protector solar y entre todas las capas has estado sudando? No podía esperar a meterme en la regadera. Luego el tráfico camino a casa fue brutal, lo cual convirtió un trayecto de tres horas en uno de cinco horas, y para colmo, nuestra pequeña de tres años comenzó a marearse. Así que ahora considera vómito con fatiga, mugre y frustración.

¿Es de extrañar que mi guía de la aplicación Waze, Jane, empezara a ponerme nerviosa? (En mi defensa, ella es increíblemente mandona). Fue entonces cuando descubrí la opción de la voz de "boy band". Si no la has probado, te ruego que lo hagas. Esta configuración canta las direcciones. Piensa en Justin Timberlake cantando "Vueeeelta a la izquierda, vueeeelta a la izquierda. En 500 metros vueeeelta a la derecha, luego vueeelta a la derecha". Lo siguiente que supe es que yo estaba riendo tan fuerte que el largo viaje no parecía tan malo y ni siquiera desalentador. Mi esposo y yo probamos todas las opciones disponibles y, como hablantes de hebreo y persa, se nos ocurrieron algunas opciones creativas; piensa: "Boy Band: edición del Medio Oriente".

Todos hemos estado en situaciones en las que estamos al borde. Algo tiene que ceder. Y de hecho, algo cede, pero podemos elegir de qué manera fluye. Podemos estallar, ser reactivos, atacar, enojarnos o culpar a otra persona por nuestra situación. *O, podemos divertirnos.* Todos somos propensos al enojo y la frustración. La verdad es que entregarse al enojo es fácil. Hay un sentimiento de satisfacción cuando nos permitimos desahogarnos y nos enfurecemos. Pero esa satisfacción es a corto plazo e inevitablemente nos deja en un estado de ánimo peor al anterior. La elección más difícil —pero mucho más gratificante— es buscar lo bueno en la situación. Considera esto como un pasadizo secreto; puede estar oculto, pero cada situación tiene uno. Lo encontramos a través de la perspectiva, la bondad y la conciencia.

Hay muchos estilos diferentes de conflicto. Aquí están algunas preguntas para hacerte tú mismo a fin de descubrir tu estilo de combate como pareja. Si eres soltero, reflexiona sobre relaciones pasadas o conflictos que puedas haber tenido con amigos cercanos o familiares. Nuestro estilo de combate en una relación a menudo refleja la manera en la que peleamos con otras personas cercanas a nosotros.

## Momento para repensar

- ¿Cómo peleas? ¿Cómo pelea tu pareja?

- Piensa en la última discusión que tuviste con tu ser amado. ¿Cómo te expresaste?

- ¿Cómo la pelea impactó en la relación?

- Si pudieras hacerlo otra vez, ¿qué enfoque tomarías? ¿Qué enfoque desearías que tu pareja hubiera tomado?

Ningún estilo de combate es mejor que otro. La clave es que el estilo de combate que elijan tiene que funcionar para ambos. Cuando un matrimonio no logra hacerlo, esto lamentablemente causará que ambos miembros de la pareja se involucren en discusiones inútiles que, a la larga, los conducirán a aislarse en su matrimonio.

# He aquí diez reglas básicas para un combate efectivo:

1. Conversen acerca de las rayas que ninguno de ustedes debe cruzar jamás. No dar golpes bajos.

2. Acuerden un estilo de combate que funcione para ambos. Si eligen descargarse o sentarse a conversar con calma, el estilo tiene que acomodarse a las necesidades de ambos.

3. Identifiquen de antemano cómo se ve un resultado aceptable.

4. Asignen la hora del día en que estén más abiertos a escucharse.

5. Evitar reaccionar de forma exagerada. Permanezcan lo suficientemente abiertos para ver la perspectiva de su pareja.

6. Discutan un asunto a la vez y sean específicos. No usen esto como una oportunidad para refreír las numerosas quejas que han surgido

en la historia de su relación. Apéguense al asunto a tratar, no a lo que pasó la semana pasada o hace cinco años.

7. Eviten palabras como "siempre" y "nunca". Estas son palabras desencadenantes que intensifican las discusiones.

8. No interrumpan. Tomen turnos para hablar. Escuchen activamente, con la intención de oír de verdad lo que la otra persona tiene que decir.

9. Estén dispuestos a ceder. Todos tenemos cosas que consideramos importantes. Cuando algo es muy importante para tu pareja, ve cómo puedes ser más flexible. Túrnense para hacer concesiones.

10. Una pelea exitosa es cuando al final ambos se sienten escuchados y entendidos. Recuerden: no se trata de ganar.

En definitiva, si no se sienten apreciados, escuchados, ni tienen abiertas las líneas de comunicación, entonces estas "pequeñas" peleas que ocurren usualmente no son en absoluto la razón por la que están peleando. No se trata del control remoto o de ir a cenar con los suegros, y desde luego tampoco se trata del asiento del inodoro que alguien dejó levantado. Pero va a ser difícil llegar a los problemas subyacentes a menos que estén de acuerdo con un estilo de combate y definan sus reglas del juego.

# Cuando el ansioso se encuentra con el evasivo, nadie se siente seguro

**Hay tres estilos de apego: el evasivo, el ansioso y el seguro.** Estar consciente de tu estilo de apego te ayuda a entender por qué peleas en la forma que lo haces. Usualmente, los estilos de apego empiezan con mamá. Desde un punto de vista puramente biológico, formar un vínculo profundo entre la madre y el infante es importante para la supervivencia misma del niño. A medida que el niño se desarrolla, el tipo de relación que la madre y el hijo tienen variará drásticamente y tendrá un impacto duradero en la manera en que nos comportamos en las relaciones adultas. Hay muchos factores que contribuyen a tu estilo de apego, incluyendo las relaciones con tus modelos a seguir, maestros y parejas.

Lynn y Connor se amaban mucho, pero sus interacciones estaban plagadas de conflicto. Si bien ambos eran capaces de tener una relación íntima segura, basada en el amor y el respeto, parecían ser incapaces de evitar que hasta el más leve desacuerdo se transformara en una enorme discusión. Cada batalla se volvía personal y aumentaba para incluir una larga lista de quejas antiguas de cada lado.

Lynn es una persona muy cálida, abierta y naturalmente amorosa, y la manera en que trataba de hacer feliz a su marido era adaptarse a sus necesidades. Es una persona complaciente. Sin embargo, cuando sus propias necesidades no eran atendidas, se volvía muy infeliz. Empezó a tomarse todo personalmente e incluso entendía connotaciones negativas en comentarios inocuos. Cuando su inseguridad llegaba a su punto máximo, se retiraba, pero de una manera que estaba calculada para llamar la atención de Connor.

Su patrón es:

- Complacerlo
- Volverse infeliz
- Perder el control
- Repetir

¡Esta es la definición misma de un círculo vicioso!

En este ejemplo, el estilo de apego de Lynn era ansioso. Connor, por otra parte, era una clásica persona evasiva. Creaba distancia y valoraba la independencia en vez de la dependencia en otros. Podía ser íntimo, pero prefería no compartir sus sentimientos. Aunque estaba casado, mantenía la ilusión de la libertad al sentirse insatisfecho y, de este modo, creaba una distancia emocional. Con frecuencia se enfocaba en las fallas de

Lynn e idealizaba su vida antes del matrimonio, creyendo que una mujer diferente habría sido una esposa más adecuada. Desde la perspectiva de él, todos los intentos de cercanía de ella se veían como intentos de controlarlo o manipularlo. Mientras más ansiaba ella acercarse, más evasivo él se volvía, lo cual se manifestaba en conductas que creaban aún más distancia, tales como coquetear con otras, toma unilateral de decisiones o un rechazo a compartir siquiera detalles insignificantes de su rutina diaria.

Mientras más necesitada se sentía Lynn, más fuerte y autosuficiente se sentía Connor. Pero todo esto era un teatro de su parte. Lo que él deseaba era conexión y cercanía con su esposa. Solamente fingía no necesitar su amor y afecto. El peligro en esto es que si te mientes a ti mismo constantemente, comienzas a creer que la mentira es verdad.

He descrito al evasivo y al ansioso, y el tercer estilo de apego es el seguro. Una persona con un estilo de apego seguro no juega pasatiempos. Se siente cómodo compartiendo sus necesidades, pensamientos y deseos, y es respetuoso y solidario con los de su pareja. Perdona fácilmente y, cuando surge un conflicto, se concentra en resolver el problema más que en ganar. La gente segura forma lazos profundos basados en la interdependencia, no en la codependencia.

Estudios estiman que el 50 % de las personas tiene un estilo de apego seguro, mientras que el 20 % son ansiosos y el 25 % son evasivos.[62]

Las personas que tienen padres evasivos podrían emular ese estilo, o debido a que estaban desesperados por el amor de sus padres, podrían volverse ansiosos en sus conductas de apego. Desafortunadamente, a las personas con un estilo de apego ansioso a menudo les atraen los evasivos, a la vez que no se interesan en alguien con un estilo de apego seguro. Aunque estas relaciones son incómodas e inducen ansiedad, están familiarizados con ellas y, por lo tanto, se perciben como seguras. A menudo, aquellos con un estilo de apego ansioso creen que no son suficientemente buenos o deseables. Por otro lado, a los distantes, aquellos con un estilo de apego evasivo, les encanta que los persigan. Esto los sustenta emocionalmente. Estar en una relación con otro evasivo resultaría completamente insatisfactorio a nivel emocional.

Si algo de esto se parece demasiado a tu caso, ten presente que con esfuerzo consciente pueden cambiar sus conductas.

## Momento para repensar

**La lista de sugerencias a continuación te ayudará a cultivar apegos seguros.**

- **Conoce tu valor.** Eres digno de amor y, por lo tanto, mereces recibirlo. Fuiste enviado a este mundo con un propósito único, uno que solamente tú puedes realizar.

- **Identifica y luego pide lo que realmente deseas.** Reprimir tus deseos verdaderos confunde a tu pareja y te deja con sentimientos de carencia.

- **Sé sincero y justo.** Nada de juegos.

- **No te pongas a buscar defectos.** La crítica atrae más crítica. Ya sea que te critiques a ti mismo o a tu pareja, verás que las críticas comienzan a multiplicarse. Por otro lado, darle a alguien el beneficio de la duda o tratarte a ti mismo con misericordia atrae más misericordia a tu vida.

- **Deja de reaccionar.** Cada vez que actuamos o hablamos, tenemos una elección. Podemos decir o hacer cosas positivas, o podemos empeorar las cosas.

- **Aprende a ver los asuntos como si no te sucedieran a ti, sino más bien que nos están sucediendo a nosotros.** Algunas de las parejas más fuertes que conozco enfrentan la vida desde la perspectiva de "nosotros".

Siempre habrá muchas cosas sobre las que no estarán de acuerdo. Es importante recordar que ninguna historia cuenta exactamente lo que sucedía desde todos los puntos de vista. Siempre hay tres versiones en cada historia: la de ella, la de él y la verdad.

Capítulo diecinueve

# Lo siento

## PRINCIPIO KABBALÍSTICO:

Cualquier cosa dañada puede restaurarse cuando asumimos la responsabilidad por el daño que hemos causado a otros.

. . . . . . . .

Teshuvá es una palabra hebrea que significa arrepentimiento, pero es mucho más que eso. *Teshuvá* implica hacer una retrospectiva profunda y tomar nota de tus errores, esos casos donde fuiste reactivo y pudiste haber herido a alguien. No es un simple inventario de desatinos, errores o momentos de falta de juicio. *Teshuvá* significa literalmente "retorno" y actúa como un borrador cósmico; es una oportunidad para la renovación que puede ser increíblemente poderosa en las relaciones. *Teshuvá* es mucho más que decir: "Lo siento". Rav Berg lo expresó de esta manera: "Decir 'lo siento' no es suficiente. Si alguien me pisa el pie, dice: 'Lo siento, perdóname'. Uno puede pensar: 'No estás perdonado... Solo estás diciendo que lo sientes. El pie todavía me duele. ¿Qué tiene que ver tu arrepentimiento con esto? Cúrame el pie para que ya no me duela'".

Me encanta esta explicación de Rav Berg, ya que demuestra que tan solo lamentarse no es suficiente. No quita el dolor que hemos causado.

Si eres como yo, hay cosas que deseas no haber hecho, palabras que preferirías que no se hubieran pronunciado, pensamientos que desearías haber dejado sin considerar, junto con algunas oportunidades que habrías preferido aprovechar. Desenterramos todos estos disgustos porque el daño puede corregirse, no porque nos agrade mortificarnos con nuestros errores pasados, sino debido a la oportunidad que la autorreflexión nos trae para transformar nuestra vida y nuestras relaciones.

**Hay seis aspectos de la *teshuvá*:**

1. **Revisa tus errores.** Benjamin Franklin dijo una vez: "La historia de los errores de la especie humana, en conjunto, es más valiosa e interesante que la de sus descubrimientos". Reconocer nuestros errores nos permite hacer ajustes y tener empatía con otros que cometen errores. Estar equivocados es una parte vital de cómo aprendemos y cambiamos. Cada vez que cometemos un error, tenemos una nueva oportunidad de revisar nuestra comprensión de nosotros mismos, nuestra pareja y el mundo en general.

Puede ser difícil compilar áreas que necesitan revisión y reconocer comportamientos que no son de nuestro ser más elevado. Necesitamos vernos a nosotros mismos tal y como somos —lo bueno, lo malo y lo feo— sin importar cuán dolorosa pueda ser esa evaluación. Tu pareja puede ser una gran ayuda aquí. Hazle esta pregunta: "¿Qué crees que deba cambiar de mí?".

Mantente abierto y prepárate para oír sin miedo lo que tenga que decir. Tú solo estás buscando retroalimentación, recolectar datos para análisis posteriores. Su respuesta contiene regalos preciosos para ti, gemas de información que pueden finalmente llevarlos a ambos a un estado de crecimiento y plenitud. Si quieres esforzarte aún más, busca a una persona por la que sientas un profundo respeto. Quizá no sea un amigo cercano o confidente, pero con un poco de explicación previa, comunícate y pregúntale lo mismo. Una vez más, calma tu mente y prepárate para recibir alguna información. ¿Es incómoda esta práctica? Sí. Esclarecedora, aún más.

2. **Practica la empatía.** Ponte en el lugar de tu pareja y revive la experiencia a través de su perspectiva. Esto significa que no hay defensiva o justificación de tu error. Curiosamente, resulta que todos estamos configurados para la empatía. Tenemos neuronas en nuestro córtex prefrontal que se encienden cuando arrojamos

una pelota, y estas mismas neuronas se encienden exactamente de la misma forma cuando vemos a alguien arrojando una pelota. Estas son llamadas "neuronas espejo" y los científicos creen que forman la base biológica de la empatía. Cuando un bebé oye llorar a otro bebé, empieza a llorar. Esta es nuestra primera experiencia de identificación con los demás: el clásico ejemplo de ponernos en los zapatos de alguien más.

La empatía nos permite cultivar una comprensión de los sentimientos de nuestra pareja de modo que podamos tratarlos de la manera en que desearíamos ser tratados (o todavía mejor: de la manera en que nos trataríamos a nosotros mismos).

3. **Cultiva la compasión.** La empatía conduce a la compasión, a la cual el diccionario Merriam-Webster define como "conciencia comprensiva de la angustia de los demás junto con un deseo de aliviarla". La compasión es la empatía en acción. Como adultos a veces es difícil despertar la empatía porque, cuando crecemos, las experiencias en las que hemos sido lastimados o decepcionados pueden enseñarnos fácilmente a sospechar de la motivación de los demás o a mantener a distancia sus experiencias problemáticas.

Sin ser sensibles a las necesidades y emociones de los demás, nuestras relaciones carecen de profundidad. La compasión nos permite formar vínculos genuinos. Los narcisistas, por ejemplo, tienden a pensar que solo sus sentimientos son importantes y tienen un sentido de la empatía muy poco desarrollado. Esto hace que sus interacciones con los demás sean superficiales y enormemente insatisfactorias para cada uno de los involucrados. Es muy importante darnos cuenta cuando mostramos conductas tales como pensamientos egoístas o empezamos a llevar registro en nuestras relaciones. Cuando apartamos nuestro enfoque del dar y de la empatía, empezamos a desarrollar nuestros sentimientos de carencia y resentimiento. Aquello a que damos nuestra energía, crece.

Nuestro amor y nuestra empatía tienen el poder de aliviar el sufrimiento de los demás.

Hay una parábola acerca de un hombre a cuyo hijo se le dio un diagnóstico terminal. Al no querer aceptar esto como un hecho, decidió visitar a su mentor, y los dos hombres oraron juntos. Con profunda tristeza, el mentor le dijo que, en efecto, no había nada que alguien pudiera hacer. Con el corazón roto, el hombre siguió su camino. Tan pronto como se fue, el mentor se dio cuenta de que había algo que él podía hacer. Se apresuró tras el hombre, alcanzándolo en el camino. "Me di cuenta después de que te fuiste que si no puedo ayudar a tu hijo, lo menos que puedo hacer es llorar contigo". Así, los dos hombres se sentaron y lloraron juntos. Esta es la esencia de la compasión, sentir el dolor de los demás tan profundamente como si fuera el propio; en un nivel espiritual, todo el dolor del mundo es compartido. Para la mayoría de las personas, la compasión es condicional. Si tu pareja es generosa y amorosa, te resulta fácil responder de la misma manera. Pero la compasión se necesita más cuando menos deseos tienes de darla. En esos momentos, alguien podría estallar, diciendo: "¿Por qué actúas así? ¿Cuál es tu problema?". Cuando alguien me hace enojar al hablar en una forma condescendiente, me animo a pensar: "Esto es lo mejor que puede hacer, aunque pueda ser inadecuado, es su mejor esfuerzo". Eso me permite abrir el corazón.

La compasión exige deshacernos de toda crítica. Sin la crítica, puedes sentir compasión por quienes usualmente no la sentirías; quienes engañan, roban, dañan a otros, quienes son malintencionados, avaros o amargados. Te podrías estar preguntando por qué querrías sentir compasión por gente como esa. Pero ¿quién de nosotros es perfecto? ¿Y qué ocurrió en sus vidas que los hizo ser así? La verdad escalofriante es que tenemos más en común con esas personas de lo que queremos creer.

"No emitas juicios donde no tienes compasión". —Anne McCaffrey[63]

4. **Conéctate a tu ser superior.** El alma nunca está dañada, solo está cubierta por nuestros actos negativos. Por lo tanto, nuestra alma (nuestro ser perfecto) permanece impoluta y accesible. La mayoría de nosotros no estamos cerca de vivir como nuestro ser perfecto. Para hacerlo, ¡tenemos que creer en nuestra propia perfección! Es imposible conectarse con algo que ni siquiera crees que existe. La mayoría de nosotros no tiene idea de cuál es nuestro potencial

verdadero, y sin esa claridad, ¿cómo lo lograremos? Como dice el proverbio: "Si no sabes a dónde vas, nunca llegarás allí".

Antes de que algo se manifieste, es precedido por un momento de perfección. El Kabbalista Rav Áshlag compara esto con un arquitecto que desea construir una hermosa casa. En el momento de inspiración cuando se le ocurre la idea de la casa que quiere construir (o en nuestro caso, cuando pensamos por primera vez en algo que deseamos crear), contenida en esa idea está la perfección magnífica de esa creación. Por imperfecta que pueda resultar la construcción, el pensamiento que precedió a la construcción era perfecto. La claraboya no se filtraba. El agua no se acumulaba en el piso del lavadero. De una manera muy similar, el Creador tuvo una visión de la creación que incluía a toda alma que llegaría a este mundo. Su intención no era el estado en el que estamos ahora, sino una versión perfecta de nosotros mismos. Nuestro trabajo ahora es encontrar ese ser perfecto, y lo hacemos a través del trabajo de teshuvá, por medio de regresar a ese estado perfeccionado previsto inicialmente para nosotros.

5. **Perdona, repara, repite.** No hay libro de tácticas para perdonar; ningún manual para superar traiciones pasadas, decepciones y heridas. El perdón es un concepto simple; lo que cuesta es su ejecución. La autora Kathryn Schultz explica: "Es lo incorrecto, no lo correcto, lo que nos puede enseñar quiénes somos. La experiencia de tener razón es imperativa para nuestra supervivencia y gratifica a nuestro ego".[64] Pero en una cultura que asocia el error con la vergüenza, la estupidez y la ignorancia, la idea del error parece la muerte. Básicamente, estamos equivocados acerca de lo que significa estar equivocado. Quizá es por eso que es tan difícil perdonar. Nuestro ego entra y no nos permite perdonar, aunque sepamos que aferrarnos al dolor es perjudicial.

"Los débiles nunca pueden perdonar. El perdón es el atributo de los fuertes". —Mahatma Gandhi [65]

Perdonar requiere honestidad, humildad, compromiso, generosidad y valentía. A veces esperamos que la gente que nos hizo daño nos pida perdón. Pero algunas personas no tienen estas características y tampoco tienen la capacidad para buscar el perdón. Si las tuvieran, no habrían cometido el acto en primer lugar.

Una vez que hayas entendido esto, perdonar a aquellos que te han hecho mal se vuelve más fácil. Hacemos que se trate sobre esa persona "horrible" y sentimos odio por ella, cuando en realidad ese enemigo es una bendición que nos impulsa hacia la grandeza. Esto puede transformar la venganza en gratitud. No se trata de la otra persona. Se trata de nosotros.

Hay una historia del Zóhar que ilustra esta idea, la cual me gustaría compartir. Rav Aba vio a un viajero parado cerca del borde de un acantilado en la montaña. El hombre debió haber estado cansado, porque se acostó a un lado del camino y se quedó dormido. Mientras estaba dormido, una serpiente fue hacia él, pero entonces una serpiente más grande apareció de pronto y mató a la serpiente pequeña. La perturbación despertó al viajero; sorprendido por la serpiente grande, se retiró de la orilla del acantilado. Justo entonces, la cornisa de la roca donde había estado durmiendo se desprendió y cayó valle abajo, dejando al hombre agitado pero sin daño. Si hubiera despertado un momento después o no hubiera visto a la serpiente, habría caído a su muerte. Rav Aba se acercó al viajero y dijo: "¿Quién eres y qué has hecho para que te realizaran dos milagros: primero, salvándote de una serpiente, y luego, salvándote de caer montaña abajo? Ciertamente, estos eventos no ocurrieron sin ninguna razón".

El viajero pensó por un momento y respondió: "Perdoné e hice las paces con cualquier hombre que me hizo mal. Si no podía hacer las paces con él, no me iba a dormir antes de perdonarlo. No albergué odio por ningún daño que me hayan hecho. Además, traté de hacer el bien a aquellos que me habían agraviado".

La reparación es igual de vital e importante que perdonar. Muchas parejas saben cómo salir de una discusión, pero las parejas felices saben cómo reparar la situación después de que ocurre una discusión. La reparación es un paso necesario, porque sin resolver todos los sentimientos involucrados y tener una idea de cómo se sintió la otra persona, es difícil llegar con una disculpa sincera. Unirse para reparar a través de una discusión y las disculpas mantiene a una relación evolucionando.

Sin la reparación, las peleas se convierten en el tema principal del matrimonio. Cuando se combinan las palabras "lo siento" con los otros cinco pasos en la *teshuvá*, pueden reparar una relación rota; pero es importante cómo se expresan las disculpas. Hay disculpas buenas y malas. Las malas disculpas incluyen justificar tu conducta, culpar a la otra persona, dar excusas y minimizar los sentimientos de la otra persona. "Lamento que te sientas de esa manera" no es una buena disculpa. Una disculpa efectiva tiene que incluir las palabras "Lamento haber hecho". Asume la responsabilidad por el error, busca activamente una forma de hacer enmiendas, de hacer un compromiso por comportarte de forma diferente en el futuro y pide perdón. Debes decir exactamente estas tres palabras: "Por favor, perdóname". Cuando dices esas palabras, pones tu ego en evidencia. Es una experiencia humillante, y esta humildad es necesaria para que la *teshuvá* sea efectiva.

6. **Déjalo pasar...** El paso final es soltarlo por completo. Esto puede sonar simple, pero perdonarnos a nosotros mismos y a los demás no es tarea menor. Encuentro a muchas personas atascadas en sus errores pasados e incapaces de superarlos. A su vez, otros están atascados esperando una disculpa que nunca llegará.

"Perdonar es liberar a un prisionero y descubrir que el prisionero eras tú". — Lewis B. Smedes [66]

Capítulo veinte

# Despertar apreciación

Entre mis películas favoritas están *Los puentes de Madison*, *Diario de una pasión*, *Orgullo y prejuicio* y *Baile caliente*, todas épicas historias de amor. Como espectadores, salimos al mundo buscando recrear esa pasión cinematográfica con otra persona, y quizá lo hagamos. Con el tiempo, cuando no tenemos una conexión tan fuerte con nuestra pareja, nos puede distraer el potencial "perfecto" que vemos en otros fuera de la relación, lo cual crea una falta de apreciación. Cuando nos enfocamos en lo que carecemos, ponemos en peligro las cosas buenas en nuestra vida. La razón por la que las relaciones se tambalean usualmente no es una falta de sentimientos por parte de cada persona. La razón número uno por la que un matrimonio muere es porque ninguno de los cónyuges reconoce el valor de la relación hasta que es demasiado tarde. Como dijo Rav Berg: "En el momento en que se pierde la apreciación, se pierde la relación".[67]

En una fría mañana de enero, un hombre en una estación del metro en Washington, D.C. empezó a tocar el violín. Tocó seis obras de Bach por aproximadamente 45 minutos. Dado que era una hora pico, miles de personas pasaban en la estación. Unos pocos se detuvieron brevemente a escuchar, y después de varios minutos el violinista recibió su primera contribución. Una mujer arrojó un dólar en su sombrero mientras pasaba rápidamente. Quien le prestó más atención fue un niño de 3 años. Su madre lo iba arrastrando con prisa, pero el niño se detuvo a mirar al violinista. Finalmente, la madre tiró fuerte y el niño continuó caminando, volteando su cabeza para mirar mientras se iba. Muchos niños repitieron esta acción. Todos los padres, sin excepción, los forzaban a seguir caminando. Solo seis personas se detuvieron y escucharon un rato. El violinista recolectó US$ 32. Cuando terminó de tocar, nadie se enteró. Nadie aplaudió, ni hubo algún otro reconocimiento. El violinista era

Joshua Bell, uno de los músicos más importantes del mundo.[68] Ese día tocó una de las obras más complejas escritas para tocar en violín, en un Stradivarius con un valor de 3,5 millones de dólares.

Dos días antes, Joshua Bell había llenado un teatro en Boston donde el precio promedio de la entrada fue US$ 100. Estaba tocando de incógnito en la estación de metro como parte de un experimento social acerca de la percepción. Debido a que la gente no tenía manera de juzgar el valor de lo que estaban oyendo, la mayoría de ellos falló en apreciarlo.

## ¿Te detienes para apreciar el mundo que te rodea?

La mayoría de las personas consideran que están agradecidas por las cosas buenas en sus vidas. No obstante, cuando perdemos apreciación por esas cosas, dejamos de ver su valor. Por el contrario, cuando estamos agradecidos, lo llevamos a otro nivel, sintiendo una enorme gratitud por simplemente estar vivos y ser amados. Todos nosotros, en mayor o menor medida, fallamos en tener una apreciación constante y precisa por nuestros regalos. Para ponerlo en perspectiva, tus probabilidades de haber nacido eran 1 en 400 billones, y cada mañana que te despiertas es un regalo hermoso e improbable.

Muchas de las relaciones más extraordinarias fueron forjadas gracias a desafíos. Por ejemplo, las parejas que sobrevivieron la inestabilidad de la Segunda Guerra Mundial tienen una enorme apreciación el uno por el otro. Al poner esto en perspectiva, la razón es comprensible. Cuando los soldados veían hombres, mujeres y niños muriendo a su alrededor, era natural apreciar a sus seres queridos incluso en momentos difíciles.

Al observar a un evento más reciente, la crisis del 11 de septiembre tuvo el mismo resultado. En efecto, una crisis crea un sentido de urgencia que inmediatamente pone a nuestras relaciones en el orden correcto en nuestra lista de prioridades. Una crisis despierta una gran apreciación por la vida, aumenta la fuerza personal y conduce a relaciones más cálidas e íntimas, un cambio de prioridades, desarrollo espiritual y el reconocimiento de nuevas posibilidades. En términos simples: cuando sucede algo horrible, puedes volverte mejor gracias a ello y apreciar más tus bendiciones en la vida, en concreto: a tu pareja.

Sin embargo, no necesitas estar en crisis para cultivar la apreciación. Cuando una pareja que yo conozco se enreda en una discusión, se miran uno a otro y dicen: "Imagina que nos apuntaran con un revólver en la cabeza". Una vez que visualizan eso, se elimina toda la necedad de la discusión y se reemplaza con apreciación y amor.

He visto parejas que son fantásticas en las crisis pero implosionan cuando las cosas están en calma. Personalmente, me parece un gran desperdicio. Los momentos en que las cosas están en calma son como un pase libre con el que las parejas pueden experimentar las recompensas de su relación. Las parejas que continuamente disputan cuando no hay una crisis real, usualmente lo hacen porque están aburridas y han perdido apreciación. Si una pareja puede llevarse bien durante los tiempos difíciles, entonces puede llevarse bien en los tiempos de calma. No puedo dejar de enfatizar la importancia de sacar ventaja de los tiempos sin desafíos significativos, porque son los pases libres de la vida.

## De inservible a invaluable

Aunque tenemos muchas cosas maravillosas en nuestra vida, es naturaleza humana enfocarse en una o dos áreas en las cuales creemos que somos carentes.

**Para evitar caer en este esta mentalidad, usa este método de dos pasos:**

- **Paso 1:** Cuidado con el ego, el cual nos hostiga por lo que no tenemos y con todo lo que está mal en nuestra relación.

- **Paso 2:** Resiste a la tendencia a tomar las cosas por sentadas. Dite: "No voy a enfocarme en esas pocas áreas donde las cosas podrían ser mejores. Voy a reavivar mi apreciación por todas las cosas que están marchando bien".

Cuando nació mi primer hijo, David, mi apreciación por su sola existenciaera abrumadora. El roce de su boca en mi cuello, el olor de su piel, su delicada cabecita con un montón de pelo que siempre estaba parado, acunado en mis manos. Cualquier sonido que emitía era celestial. Ahora, él está en la etapa de la joven adultez en la que es rápido en señalar las cosas que le desagradan. Naturalmente, algo de su crítica es dirigida hacia mí, y noto que mi apreciación es deficiente a veces; aunque mi amor no ha cambiado.

Cuando él tenía catorce años, David corrió hacia mí anunciando con entusiasmo: "¡Aba (papá) vendrá a mi juego de béisbol mañana y lo va a grabar para que tú lo veas, mamá!". Y agregó con entusiasmo: "¿Verás el video, Mamá?". Yo respondí con lo que pensé que eran buenas noticias: que no necesitaba ver el video porque yo podía ir a su juego también. Se comenzó a mover de un lado a otro, con los ojos inquietos mientras examinaba la habitación, desesperado por evitar hacer contacto visual conmigo. Mirando a lo lejos, murmuró: "Sería una mejor idea si solamente Aba viene a mi juego de béisbol y lo puede grabar para ti". Lo miro perpleja. "Pero yo puedo ir, David; no hay necesidad de que él lo grabe". Él solo se repitió en voz baja: "No, no. Está bien. Aba lo grabará para ti".

Finalmente descubrí que mi embarazo de ocho meses era un poco vergonzoso para él delante de sus amigos (quienes, a esa edad, sabían cómo se hacen los bebés). Aunque sabía que él no trataba de herir mis sentimientos, mi ego estaba un poco magullado. No estaba visiblemente molesta, pero anuncié rápidamente que era hora de ir a la cama. Cuando mis pensamientos, palabras y acciones vienen del ego, mi capacidad para acceder al amor se ve comprometida. En el momento en que David, sin intención, me rechazó, me enojé y creé un espacio entre nosotros. Algunas situaciones que surgen nos hacen perder apreciación por nuestros seres queridos y, por fortuna, hay momentos que reavivan la apreciación y entonces el amor regresa rápidamente.

Cuando aprecias a tu pareja, estás muy consciente de las cosas que se pueden interponer entre los dos y, por lo tanto, te mantienes alejado de ellas. Por ejemplo, en aras de mantener la transparencia, una persona en la relación puede decir: "Quiero que sepas que alguien en el trabajo me atrae, pero esto no significa nada. Te amo". Pero esto significa algo. Las palabras mismas crean una apertura, una pequeña brecha que se abre entre ustedes. Algunas veces hasta tener un entrenador o un terapeuta masajista del sexo opuesto puede crear esa pequeña grieta, porque fomenta la intimidad física con una persona fuera de la relación. ¿Cuán cómodo estás con tener a otra persona tocando tu cuerpo o el de tu pareja? Si tienes apreciación por tu pareja, te esfuerzas mucho para no dejar espacio para ninguna clase de apertura. Podrías notar que alguien es atractivo, pero puedes elegir no fantasear con esa persona ni ponerte en una situación donde algo realmente pueda suceder entre ustedes.

## PRINCIPIO KABBALÍSTICO:

La apreciación es una fuerza espiritual que ayuda a proteger todo lo que tenemos.

........

La apreciación es una decisión que tomamos, un interruptor que activamos en nuestra mente. Los sociólogos reportan que la gente que adopta el hábito de escribir tan solo una cosa al día por la que está agradecida, presenta un claro aumento en su felicidad en menos de un mes.[69] Es una pequeña inversión con una gran compensación. Escribe cada día algo que aprecies en tu pareja. Te sorprenderás del efecto positivo que esto puede tener en tu relación. Luego, si quieres llevar esto al siguiente nivel, toma un momento cada día para compartir ese sentimiento de apreciación con tu pareja.

**Muy a menudo nos quejamos por lo que no estamos recibiendo y por cómo nuestra pareja no nos apoya, cuando de hecho no nos apoyan porque no apreciamos quienes son; no es al revés.**

Hemos tocado otra vez un tema kabbalístico. Si deseas algo, primero dalo.

"Los grandes secretos no son aquellos que son difíciles de entender, sino más bien difíciles de hacer". —Rav Áshlag

Considera tu relación como una granja que te proporciona frutas y verduras una y otra vez, y las tomas repetidamente. Pero imagina si nunca regresas a atenderla, replantar semillas, fertilizar, regar o cultivarla. ¿Seguirá surtiéndote? No, se va a erosionar. Deseamos convertirnos en alguien que aprecia en vez de alguien que desprecia todo en nuestra vida.

Capítulo veintiuno

# Permite que te conozcan

## PRINCIPIO KABBALÍSTICO:

La unión verdadera solo viene de conocerse uno al otro.

........

Los kabbalistas explican que la unión verdadera solamente viene de conocerse mutuamente. Curiosamente, el término bíblico para el amor sexual es "conocer". La Biblia dice: "Adán conoció a Eva y ella concibió". La mayoría de nosotros anhelamos que alguien nos conozca por completo y desarrollar una relación comprometida basada en la sinceridad, la confianza, la autoexpresión, el respeto y la unión. Llegar a conocer a tu pareja profundamente conduce a niveles más elevados de intimidad y a un mayor sentido del amor.

## ¿Puedes leerme la mente?

Hemos establecido cuán difícil es saber lo que está pasando en nuestra mente en un momento determinado. Pero de alguna manera esperamos que nuestra pareja conozca nuestros pensamientos incluso antes de que los expresemos, algo así como: "Hola, cariño, ¿puedes leerme la mente?". Todavía peor, asumimos que sabemos lo que nuestra pareja está pensando, así que no nos esforzamos en averiguarlo. Quizá Henry Winkler, conocido como El Fonz en *Días felices*, lo expresó mejor cuando dijo: "Las suposiciones son las termitas de las relaciones".[70]

A lo largo de mis años como asesora, he trabajado con parejas cuyas relaciones están muy arriba en el espectro de inteligencia emocional. Ser emocionalmente inteligente significa entender y asumir la responsabilidad de nuestros sentimientos y de las situaciones en las que nos encontramos. Cuando eres emocionalmente inteligente, puedes usar las emociones como información. Esta información desarraiga la fuente de la tristeza, el enojo o la frustración y por qué las emociones cambian y se intensifican aparentemente sin advertencia. Las parejas emocionalmente inteligentes evitan que sus pensamientos y sentimientos negativos acerca del otro (que todas las parejas tienen) superen a los positivos.

Ser emocionalmente inteligente en una relación es conocer ambos el mundo del otro con gran detalle, comenzando desde la infancia hasta las experiencias actuales. Significa que conoces la historia de tu pareja aun antes de que tú estuvieras en la película (¡hasta los ex!). Cada uno de ustedes conoce los sentimientos del otro acerca de sus jefes. Si visitas a tu pareja en el trabajo, reconocerías al recepcionista, sabrías dónde está la máquina de café y dónde esconden la crema. Nunca le harías bromas a tu esposo por su pobre condición física si, por ejemplo, lo hubiesen etiquetado como "gordinflón" de niño y él se hubiese esforzado mucho por superar sus problemas de peso. Conoces lo que lo moldeó en la persona que es hoy y en la persona de la que te enamoraste. En el principio de cada relación, hacemos un montón de preguntas. No olviden seguir haciéndolo a lo largo de toda su relación.

El Dr. John Gottman plantea que lo opuesto de la pareja emocionalmente inteligente es la pareja desconectada, quienes están "marcados por la ausencia de afecto positivo durante el conflicto (no hay interés, afecto, humor o empatía)".[71] Un ejemplo perfecto de esto es cuando nuestra pareja está estresada o actuando raro y no tenemos idea por qué, así que lo tomamos personalmente.

Al principio en mi matrimonio, antes de que mi esposo y yo fuéramos emocionalmente inteligentes, discutíamos. Fue hace tanto tiempo que no recuerdo los detalles, pero lo que recuerdo es que él dijo: "¡Eso es una locura!". Toma nota que no me llamó loca *a mí*, pero usó la palabra "locura" en una frase relacionada conmigo y me enfurecí.

No es la reacción que pensarías que alguien tiene ante una interacción marital inocua y hasta común. Este no sería el peor insulto en el mundo, aun si él me hubiese llamado loca. Sin embargo, si mi esposo hubiese conocido mi historia, habría sabido que mi tío es esquizofrénico y que uno de los más grandes temores de mi infancia era que de, alguna manera, yo sufriera la suerte de mi tío. Las parejas emocionalmente inteligentes saben cómo evitar estas explosiones, porque sus respectivos pasados son conocidos por sus parejas, y manejados con cuidado y empatía. Una vez que Michael supo la historia, nunca más usó esa palabra en una discusión.

## Vulnerabilidad

Compartir nuestros miedos pasados, traumas y vergüenzas requiere vulnerabilidad y apertura. Esto no es fácil porque tememos que nuestra vulnerabilidad sea interpretada como debilidad. Pero al abrirte a tu pareja, creas un espacio seguro en el cual ambos se vuelven más fuertes juntos; más fuertes de lo que serían estando separados.

La inteligencia emocional abre el camino a una faceta aún más profunda de la relación. El ingrediente activo aquí es la autorevelación. Cuanto más conoces a alguien, suponiendo que te sientas seguro y comprendido, más comienzas a revelarte. En una relación exitosa, ambos se dejan conocer, revelando gradualmente su ser más interno, expresando sus deseos, temores, fantasías y sueños; incluso aquellos que no los enorgullecen.

Vulnerabilidad es abrirte a la posibilidad de que te lastimen física o emocionalmente. Desde luego que la vulnerabilidad suena muy desagradable. Hasta terrorífica.

En las relaciones disfuncionales, puede ser doloroso ser vulnerable porque las revelaciones probablemente sean usadas en tu contra al calor de una discusión futura. La vulnerabilidad en su mejor momento crea una conexión tan profunda que cuando entras en una habitación y miras a tu pareja —solo con una mirada— sabes lo que el otro está pensando, sintiendo y la clase día que ha tenido. Independientemente de la circunstancia, te sientes totalmente aceptado y acogido en todo el sentido de la palabra. Se entienden uno al otro de forma tan completa que es como si estuvieran experimentando la misma emoción. Las recompensas de la vulnerabilidad superan con creces al riesgo. Podrías estarte preguntando en este punto cómo ser vulnerable; pues, aquí hay otro secreto: ser vulnerable no es una elección. Ya eres vulnerable cada día de tu vida.

# Las diferentes maneras en que los hombres y las mujeres expresan intimidad

Podrías estar familiarizado con la jerarquía de necesidades de Maslow, la cual él propuso en 1943.[72] A menudo es vista como un triángulo con las necesidades más fundamentales en la base y las más elevadas en la punta. La jerarquía de Maslow consiste de:

1. Necesidades físicas (aire, agua, alimento, refugio, sueño)

2. Seguridad (principalmente seguridad física)

3. Amor/Pertenencia

4. Estima

5. Autorrealización

Maslow establece que toda motivación humana está basada en cubrir una de estas necesidades. Muchos de nosotros tenemos alimento y agua, un techo sobre nuestra cabeza y nos sentimos seguros en nuestra vida diaria. Una vez que esos deseos son satisfechos, subimos en la pirámide para buscar amor y pertenencia, para luego explorar nuestros talentos e intereses, y finalmente al esfuerzo por la autorrealización; en otras palabras, trabajar para alcanzar nuestro máximo potencial. Cubrir estas necesidades es un proceso de toda una vida; es parte integral de nuestra felicidad y de tener relaciones satisfactorias.

Aunque tanto hombres como mujeres anhelan la intimidad de la tercera etapa de la pirámide de Maslow, el amor y la pertenencia, cómo expresan su deseo puede manifestarse en diferentes maneras.

## La intimidad requiere que estés en tu zona de comodidad, y lo que hace que hombres y mujeres estén cómodos puede diferir considerablemente.

Cuando las mujeres desean acercarse una a otra, se miran a la cara, se miran a los ojos y fijan la mirada (lo cual expresa que están completamente involucradas), antes de revelar sus sentimientos, aspiraciones y preocupaciones más íntimos. Las mujeres también leen las emociones al mantener el contacto visual. Los hombres, por otra parte, tienden a mostrar intimidad mientras están colocados de lado a lado, usualmente mientras trabajan o juegan juntos. Por un lado esto los mantiene al tanto de otros estímulos en el entorno. Y por el otro, el contacto visual directo entre los hombres puede interpretarse como hostil o desafiante.

Los hombres podrían conversar sobre una pésima semana en el trabajo o problemas en sus vidas amorosas, pero raras veces comparten sus esperanzas secretas para el futuro o sus temores más oscuros. Si lo hacen, a menudo lo camuflan con humor y en pocas ocasiones se miran fijamente a los ojos. Esto se remonta a los tiempos antiguos cuando encaraban a sus enemigos pero se sentaban junto a sus amigos. Esto me recuerda a mi hijo mayor, David, jugando videojuegos con sus amigos. Se sientan lado a lado por horas. Podría no parecerlo, pero están vinculándose. Antes de que yo entendiera esto, me impactaba lo extraño de ver un cuarto lleno de chicos jugando videojuegos, aparentemente sin interactuar uno con otro. No veía el valor de esto. Parecía algo que David podía hacer él solo... y más tranquilamente, cabe añadir.

Dado que es difícil que los hombres tengan intimidad emocional con otros hombres, es doblemente importante que la relación que un hombre tiene con su pareja le permita expresar sus deseos en cada área: física, emocional, sexual y espiritualmente. Al aconsejar parejas, he visto a algunos hombres que son infieles cuando no sienten que su pareja se preocupa por entender cómo ellos se sienten. Cuando esa intimidad está faltando en su relación, los hombres tienden a buscarla en otra parte. Cuando se trata del deseo, lo hombres lo expresan de manera muy diferente también, pero, para la mayoría de las mujeres es más natural expresar emociones. Muchas mujeres cometen el error de no darse cuenta de cuánto les cuesta a los hombres expresarse, y cuando lo hacen, las mujeres a menudo no los toman suficientemente en serio. Si ambas personas en la relación están conscientes de estas diferencias en los estilos de intimidad, habrá más oportunidades para profundizar su intimidad.

Estudios conducidos por el psicólogo Jay Carter demuestran que el período de desarrollo más importante de un niño es en los primeros cinco años de su vida.[73] Durante esos años formativos, los muchachos obtienen un sentido de su autoestima de sus madres. Los chicos tienen una mayor propensión a desear enorgullecer a sus madres. Carter explica que en los años posteriores como hombres, este deseo de agradar a sus madres es proyectado sobre las mujeres que conocen, con quienes salen y se casan. Esto en esencia significa que la autoestima de un hombre es increíblemente vulnerable cuando se trata de la opinión que una mujer tiene de él. Ponemos demasiada importancia en lo que otras personas piensan de nosotros. En este caso, saber esto acerca de los hombres es de muchísima ayuda para las mujeres cuando tratan de transitar la relación.

Muchas veces, las mujeres critican a sus maridos, novios y hermanos (y a veces hasta a sus padres) sin estar plenamente conscientes del impacto negativo que esto puede tener en ellos. Los hombres se toman las palabras más literalmente que las mujeres y, por lo tanto, toman la crítica como una declaración arrolladora. Si una mujer le dice irresponsable a su esposo por dejar su ropa tirada en el piso, él escucha que ella piensa que él es irresponsable en todas las áreas. En su mente, él empieza a pensar en todas las cosas responsables que él ha hecho y que ella parece haber olvidado. Ella no se da cuenta de que él piensa de esta manera y por eso con el tiempo, si ella se mantiene hablando de esta manera, él empieza a desestimarla a ella y a todas sus solicitudes. Cuando los hombres se sienten criticados repetidamente, resulta que se alejan más y se cierran por completo; todo lo contrario del objetivo original.

Las mujeres tienden a no reconocer la clase de influencia que en realidad tienen sobre los hombres en sus vidas. Hay una manera más sana de tener la atención de un hombre que no implica la crítica. Si las mujeres pueden entender cómo los hombres procesan sus palabras, entonces podrán entregar sus mensajes sin dar un golpe masivo a la autoestima de un hombre. Por ejemplo, ella puede decir: "Veo lo organizado que eres con tus palos de golf; sería grandioso que así fueras también con tu ropa".

"Todos los hombres cometen errores, pero los hombres casados se enteran de ellos más pronto". —Red Skelton [74]

No estoy sugiriendo que todas las mujeres son más conocedoras de las emociones y que tengan más don de gente que los hombres. Hay muchas mujeres que son insensibles. Pero las mujeres tienden a ser más emocionalmente conscientes que los hombres por una simple razón. Tienen una enorme ventaja en el desarrollo de estas habilidades. John Gottman señaló que cuando se observan a los niños jugar en cualquier parque, los niños varones usualmente corren y se persiguen unos a otros.[75] Su prioridad es el juego, no la relación que hay entre ellos. En cambio, cuando las niñas están participando en una actividad juntas, los sentimientos son primordiales. Un grito de "¡Ya no soy tu amiga!" puede dar un freno brusco al juego; y si el juego empieza otra vez, dependerá de si las niñas hacen las paces.

Aun cuando un niño y una niña juegan con el mismo juguete, la diferencia de género es aparente. Gottman observó a los mejores amigos Naomi y Erik, de cuatro años, compartiendo una muñeca. Naomi quería hacer como que la muñeca era su bebé e iban a ir a enseñárselo a sus amigas (un juego basado en una relación). Erik le siguió la corriente por aproximadamente diez minutos antes de que cambiara el juego a un territorio más cómodo. "¡Oye, Naomi, este bebé está muerto!", anunció. "¡Tenemos que llevarlo de inmediato al hospital!". Erik se subió en la ambulancia imaginaria con el bebé y arrancó, mientras Naomi le rogaba que no fuera demasiado rápido. De pronto, ambos se volvieron cirujanos y salvaron la vida de la muñeca (aunque Erik quería que Naomi fuera la enfermera). Una vez que el bebé estuvo bien, ambos niños regresaron a enseñarlo a sus amigos.

Los estilos de juego de Naomi y Erik son igualmente encantadores y gratos, pero la verdad es que los juegos de niñas ofrecen mucha más preparación para el matrimonio y la vida en familia porque se enfocan en las relaciones. Por el contrario, los juegos de los niños no. Piensa en esto. Si bien ningún rincón de disfraces de preescolar estaría completo sin disfraces de novia, nunca se ven esmóquines para novios pequeños.

Esta diferencia en el condicionamiento aumenta por el hecho de que cuando crecen, los niños raras veces juegan con niñas, así que se pierden la oportunidad de aprender uno del otro.

Gottman continúa con algunas estadísticas interesantes:

- Aunque el 35 % de los mejores amigos en preescolar son niños y niñas como Naomi y Erik, a la edad de siete años ese porcentaje se convierte prácticamente en cero.

- Desde la edad de siete años hasta la pubertad, ambos géneros tienen poco o nada que ver uno con otro.

- Desde la edad de siete años hasta la pubertad, nuestra cultura no ofrece una estructura formal para asegurar que los niños y las niñas continúen interactuando.[76]

Para cuando Naomi y Erik sean adultos, la diferencia en su conocimiento de cómo ser emocionalmente íntimos será significativa. Una vez que una pareja decide convivir, se sumerge en un mundo extraño. Ese mundo les seguirá siendo extraño si no están activamente compartiendo, revisando y revelando cosas nuevas acerca de ellos.

El otro día entré en la oficina de mi esposo y dije: "Oye, cariño, hay algo que no sabes de mí". Él me miró como si supiera lo que yo iba a decir, pero acabó sorprendido. "Algunas veces, cuando tengo antojos de azúcar, me como las vitaminas de los niños. Así obtengo algo de calcio, ¡y saben a ositos de goma!". ¿Por qué compartí esto con él? Porque se trata de ser íntimos de muchas maneras diferentes. Se trata de compartir cada vez que descubres algo nuevo acerca de ti. Esta revelación puede parecer mundana, pero él ya conoce los hechos más jugosos. La idea es que las cosas que descubro sobre mí misma, las comparto continuamente con Michael, y él hace lo mismo conmigo. Esta autorrevelación es lo que mantiene unidas a las personas.

Aún después de 22 años de matrimonio, todavía comparto algo con él de vez en cuando y él dice: "¡Oh, eso es nuevo!". En esos momentos me siento más cercana a él porque me conoce y yo lo conozco. Practicamos la transparencia. Nos dejamos ver.

Capítulo veintidós

# Repensar el sexo

El circuito entre las energías masculina y femenina es lo que crea satisfacción en una relación. Los hombres y las mujeres tienen respectivamente roles energéticos específicos y complementarios. Kabbalísticamente, los hombres son la energía de compartir o el conducto para la Luz, mientras que las mujeres son la energía de recibir o la vasija para la Luz. La energía femenina apoya y dirige hacia dónde el hombre revela su Luz. La energía masculina desea compartir su Luz a fin de satisfacer a la Vasija.

Un concepto kabbalístico conocido como el Sistema de Tres Columnas describe las fuerzas subyacentes en funcionamiento en el universo: la Fuerza de Compartir (la Columna Derecha), la Fuerza de Recibir (la Columna Izquierda) y el equilibrio de estas dos energías, que es el Deseo de Recibir para Compartir (la Columna Central). Es a través de la energía de la Columna Central —a través de nuestra capacidad de Recibir para Compartir— que creamos el circuito en una relación. Estas tres partes satisfacen las funciones de un polo negativo, un polo positivo y un filamento necesarios para dar luz.

# Amor en movimiento

Hay muchas creencias comunes acerca del amor y las relaciones que de plano están equivocadas. No lo digo como una crítica, lo digo como una simple observación acerca de lo que funciona y lo que no. Una de las áreas más incomprendidas que podrían ser repensadas es el sexo.

Ninguna otra área de la vida de una pareja ofrece más potencial para la vergüenza, el daño y el rechazo que el sexo. No es de extrañar que a las parejas les parezca un desafío muy grande comunicarse claramente acerca de sus necesidades sexuales. A menudo, cuando las parejas tienen esta discusión, sus conversaciones son indirectas, imprecisas y, en definitiva, poco concluyentes. Muchas personas se sienten inseguras cuando se trata de si su pareja las encuentra atractivas o se preocupan de si son buenas amantes, lo cual significa que no es fácil hablar de sexo. Muchas parejas caen en la trampa de discutir temas difíciles en la noche en el dormitorio y luego se abstienen de tener sexo como una forma de castigo. No lleven sus desacuerdos al dormitorio. No conviene asociar sentimientos negativos con la habitación del amor, la comodidad y la pasión. El sexo no debe ser usado como un arma o algo que no sea una expresión de compartir y apertura.

Hablar eficazmente sobre sexo requiere que la conversación sea amable y segura. Tu pareja no sabrá qué te excita o qué te hace sentir incómodo a menos que lo expreses. Para hablar de sexo, las parejas deben hacer el trabajo que he mencionado anteriormente para volverse vulnerables. Para tener una vida sexual satisfactoria, ambas partes deben estar dispuestas a arriesgarse a exponer sus inseguridades más profundas para experimentar esa intimidad que existe en la esencia de la relación más fuerte y el mejor sexo.

Algunas personas sienten que tener que pedir afecto o conversar sobre sus deseos sexuales le quita todo el romance al sexo. Te animo a que, en cambio, mires el anhelo detrás del deseo. Por ejemplo, si un hombre desea que su pareja sea más espontánea en la cama, ella podría interpretar el deseo de él como quisiera estar con alguien salvaje, cuando él solo está diciendo que desea probar algo nuevo con la persona que ama. Si ella expresa una necesidad sexual, él podría interpretar esto como que no la ha estado satisfaciendo y lo considera un insulto a su desempeño y virilidad; aunque ella solo esté describiendo lo que la haría sentir bien. Frecuentemente, alguien puede malinterpretar el deseo de su pareja como una falta de su parte. Lo que no reconoce es que lo que subyace detrás de las palabras es el anhelo por una intimidad mayor.

Cuando deja de ser acerca de "mí" y empieza a ser acerca de "nosotros", cada persona desea agradar a la otra. Entonces puede escuchar el anhelo de su pareja de esta manera más profunda. Dar placer a su pareja le da placer. Cuando el ego es puesto de lado, sientes gratitud por esta retroalimentación en vez de inseguridad o rechazo. Esto no significa que tengas que cumplir todos sus deseos, necesidades y fantasías sexuales, sino que quieres estar abierto a oír y compartir cualquier cosa. El factor crucial es siempre escuchar el anhelo detrás del deseo.

## Momento para repensar

- ¿Cómo le indicas a tu pareja que deseas intentar algo nuevo?
- ¿Cómo tu pareja te hace saber esto?
- ¿Qué mensajes crees que le envías a tu pareja cuando no reconoces sus deseos?
- ¿Cómo crees que esto puede hacer sentir a tu pareja?
- ¿Cómo te sientes cuando tu pareja no reconoce lo que deseas?
- ¿Cómo crees que podrías introducir algo de levedad, ligereza y alegría —y por lo tanto más creatividad— cuando hacen el amor?

A menudo oímos que el órgano sexual más importante es el cerebro y que el más grande es la piel, por lo que el tocarse es muy importante.

**Típicamente, las mujeres quieren y desean cercanía emocional para sentirse sexuales. Para los hombres, con frecuencia es al revés. Necesitan intimidad sexual para sentirse emocionalmente cercanos.**

Como un ejemplo de esto, una pareja experimentó un aborto después de seis meses de embarazo. Esto fue devastador para ambos, pero se afligieron de maneras muy diferentes. La esposa estaba deprimida, y cuando su esposo quiso sexo pronto después del aborto, ella se enojó. La intención de él no era concebir otro hijo, sino más bien conectarse a ella emocionalmente. Para él, la intimidad física era un medio para alcanzar intimidad emocional y la mejor forma que conocía para ofrecerle consuelo y seguridad. En cambio, ella no tenía deseos de tener sexo con él. Aunque lo amaba profundamente, se congelaba cada vez que él la tocaba o le hacía insinuaciones sexuales. Una mujer puede sentir aversión por un hombre que la toca si ella piensa que la está tocando solo porque desea sexo. Ella necesitaba sentirse emocionalmente conectada con él para sentir deseo sexual. Una vez que ella tuvo el espacio para expresarle sus sentimientos de pérdida a él, empezó a desearlo otra vez.

Hacer el amor es una expresión que puede y debe elevar tu relación y conexión a un ámbito más elevado. Hacer el amor es un acto de compartir, mientras que tener relaciones sexuales está conectado con el ego e incluye la necesidad de poder, control y egoísmo. Cuando el sexo se vuelve un acto de gratificación instantánea, no hay acto de amor. Se vuelve rutina y, con el tiempo, la magia desaparece dejándonos sin saber por qué.

## PRINCIPIO KABBALÍSTICO:

El sexo es un acto sagrado. A través de hacer el amor, contribuimos a la elevación de nuestras almas y del mundo entero.

........

## ¿Crees qué?

Disipemos algunas creencias dañinas sobre el sexo.

**MITO: La mayoría de la gente casada no tiene sexo regularmente.**
Si estás diciéndote que la falta de pasión en la cama es natural entre las parejas casadas, entonces no solamente te estás mintiendo, ¡sino que tus estadísticas no son completamente precisas! Una encuesta del Instituto Kinsey en 2010 reveló que el 25 % de las parejas casadas entre 25 y 59 años de edad tienen sexo de 2 a 3 veces por semana.[77] Eso es una en cuatro parejas, y ese es un buen punto de partida por una razón fundamental: todo lo que sucede en la cama es un reflejo de la relación. Si tu relación es saludable, tu vida sexual es saludable. Si las parejas son generosas fuera de la cama, puedes apostar a que son generosas en la cama. Desafortunadamente, lo mismo sucede al contrario: parejas retentivas y tacañas muestran la misma conducta entre las sábanas.

The *British Journal of Psychology* [el Diario británico de psicología] reportó en un estudio que correlaciona las acciones altruistas con tener más sexo.[78] John Gottman encontró que cuando los hombres comparten la responsabilidad en las tareas domésticas y la crianza de los hijos, ellos y su pareja tienen más sexo.[79] Esto no es solamente debido a que la pareja tiene más tiempo o está menos cansada; es un reflejo de cómo funciona su camaradería. La vida tiene muchas responsabilidades, y parte de una relación exitosa es sentir que no estás solo para soportarlas. Deseas una pareja que esté presente no solamente cuando es fácil, sino también cuando es agotador. Las parejas que comparten responsabilidades comparten la diversión también. Parejas donde ambos cónyuges tienen una responsabilidad igual en todas las responsabilidades, reportaron la satisfacción de la relación más elevada.

**MITO: Mis amigos solteros están teniendo más sexo y el sexo es mejor.**
Estudio tras estudio demuestran que las parejas en una relación a largo plazo tienen más sexo que la gente soltera. Solamente 5 % de los solteros reportan tener sexo 2 o 3 veces por semana, comparado con el 25 % de las parejas casadas. Además, las parejas encuestadas reportan consistentemente que obtienen más placer del sexo que sus contrapartes solteras. Esta evaluación incluye a hombres y mujeres. Esto probablemente sea porque las parejas que tienen una base fuerte

de confianza se sienten naturalmente más conectadas a sus cónyuges, lo cual conduce a mayores sentimientos de satisfacción sexual.

**MITO: Las parejas pueden estar en un matrimonio feliz y no tener sexo.**
Supongo que todo depende de tu definición de feliz. Si uno o los dos miembros de la pareja están enfermos o no pueden esforzarse físicamente, no estoy sugiriendo que no deban permanecer juntos. Sin embargo, si dos personas sanas están en una relación, viven juntos y aún así no tienen sexo, más parecen compañeros de cuarto que amantes. Hay un problema en algún lugar. "Es solamente sexo, y hay mucho más en el matrimonio que el sexo", podrían argumentar algunos. Yo regreso a mi pensamiento inicial: la vida sexual de una pareja es un reflejo de la relación. La gente no tiene sexo solamente por placer, ni estrictamente para procrear. Abrumadoramente, las personas buscan sexo para conectarse. Los humanos son fundamental y excepcionalmente sociales. Si un orgasmo fuera el único objetivo, hay medios más eficaces y prácticos de obtener uno. El sexo es un intercambio social. En el mejor de los casos, es una expresión de intimidad física y emocional. Cada vez que una pareja tiene sexo, fortalecen su lazo social uno con el otro, creando mayor unión y profundizando su amor. La satisfacción surge de la cooperación y la vulnerabilidad compartidas, de expresar un vínculo profundo y significativo. La buena noticia es que mientras más tienes sexo, más lo deseas. El sexo libera las hormonas de sentirse bien, las cuales a su vez aumentan tu libido, haciendo que quieras más.

**MITO: El desempeño es importante.**
A casi cada aspecto de la actividad sexual se le puede asignar una metáfora de béisbol. Primera base, segunda base, tercera base, *home run*; si alguien es rechazado, queda "ponchado"; si la insinuación de alguien no es rechazada, "anota". ¿Por dónde empezar con los problemas en esta metáfora? Lo más problemático es que presenta el sexo como una actividad con objetivos y, en definitiva, como una competencia.

Tristemente, muchos ven el sexo como una "actuación" en la que serán juzgados con un triunfo o un fracaso. Ningún género es inmune a estas nociones superficiales del sexo. Todos sentimos una presión inmensa por ser sensuales y destacarnos en el sexo, pero el sexo no es un deporte. No es un medio para conseguir un fin. Asignar ideas de actuación y competencia a la cama es un camino seguro para alimentar las inseguridades y disminuir la satisfacción sexual, y también dañar la intimidad.

## Estática en la cama

Las imágenes y el contenido sexual están en todas partes. Mucho se ha escrito en los medios acerca de los riesgos potenciales de todo este sexo en las mentes impresionables de los niños. Esto tiene un efecto, pero el impacto que tiene en los adultos es igual de alarmante. Todos obtenemos nuestro entendimiento de las costumbres y prácticas aceptables de lo que vemos y oímos. También estamos muy conscientes de lo que es considerado sexi. Compararnos y considerar ciertos aspectos como insuficientes es dañino e inevitablemente conduce a inhibiciones y vergüenza, ninguno de los cuales favorece la intimidad. ¿Cómo puedes expresar verdaderamente amor a tu pareja si tu mente está concentrada en lo que odias acerca de ti mismo?

Muchas parejas traen al presente la carga de relaciones sexuales pasadas. No es sorprendente cuando la edad promedio en Estados Unidos para la pérdida de la virginidad es 17 años.[80] Más estremecedor (para mí al menos) es que el 25 % de los adolescentes tienen sexo a la edad de 15 años.[81] Razonablemente, la mayoría estará de acuerdo que un adolescente de 15 años está muy lejos de ser suficientemente maduro para tomar, emocional o cognitivamente, decisiones sanas con respecto a las parejas sexuales. Razón por la que años después, cuando recordamos nuestras elecciones juveniles, nos preguntamos: "¡¿En qué estaba pensando?!", seguido usualmente por sentimientos de arrepentimiento.

Tristemente, hay repercusiones muy reales por tener relaciones sexuales a una edad demasiado temprana. Estudios revelan que las personas que pierden su virginidad temprano en la vida tienen expectativas más bajas de sus parejas sexuales. Aquellos que tienen sexo después de cumplir 20 años son más propensos a tener relaciones felices. Con frecuencia, la gente que tiene sexo en su adolescencia termina conformándose en sus relaciones posteriores. Este no siempre es el caso, pero para muchos, el sexo es confundido con la intimidad emocional que están anhelando. A menudo esto conduce a una relación malsana con el sexo. Las personas que esperan para tener sexo tienden a tener mayor autoestima y mayores expectativas de su pareja de vida.

En conclusión, las personas tienen diferentes sentimientos sobre sus decisiones pasadas. Algunas ven su pasado como una experiencia de aprendizaje que las trajo al presente, mientras que otras están avergonzadas de su pasado. Analízate y ve cómo te sientes por tus decisiones. Si estás sintiendo vergüenza, entonces trabaja en cambiar esa emoción porque no puedes cambiar tu pasado. La vergüenza podría estar afectándote de maneras de las que no te has dado cuenta, tales como rebajar tus expectativas de la clase de pareja que mereces, impidiéndote tener una vida sexual verdaderamente agradable.

# Prácticas kabbalísticas

Si bien no hay una edad mágica en la que las relaciones sexuales de repente se vuelven saludables, en lugar de potencialmente dañinas, la Kabbalah sí enfatiza la importancia de escoger a la pareja correcta. El sexo no es solamente compartir íntimamente en un nivel físico, también tiene una dimensión espiritual. Incluso besarse crea una conexión espiritual entre dos almas. Cada persona, cada alma en este mundo, tiene un propósito específico y desafíos únicos que está destinada a enfrentar. Por lo tanto, cuando tenemos sexo, asumimos una parte del trabajo espiritual (*tikún*) de nuestra pareja y ella del nuestro. Este es un concepto muy hermoso cuando estamos en relaciones amorosas, de largo plazo y comprometidas, pero es claramente menos encantador cuando se ve a través del lente de alguien con muchas parejas sexuales casuales.

Me doy cuenta de que esto es mucho que asimilar. Pero si estás casado no hay nada de que preocuparte, ¿verdad? ¡Difícilmente! Los kabbalistas han enseñado por mucho tiempo que hay energías específicas disponibles en ciertos momentos. De acuerdo con el calendario lunisolar kabbalístico, los días, las semanas y aun los meses poseen energía positiva, negativa o neutral. El calendario lunar nos informa cuándo es mejor iniciar nuevos proyectos, casarse, tener cirugías y hasta (sí, adivinaste) cuándo procrear. Hay innumerables guías para hacer el amor espiritualmente y muchas se enfocan en el momento del acto en sí. Según el calendario kabbalístico, se deben evitar los días negativos, al igual que los días cuando se tiene "el período". O como dicen los daneses: "Cuando hay comunistas en la casa de la diversión". O como dicen los franceses: "Cuando están llegando los británicos". Dicho literalmente, durante la menstruación. Este período de abstención incluye los siete días después del ciclo menstrual, lo cual son aproximadamente doce días al mes sin coito. Al igual que muchos que oyen esto por primera vez, ¡podrías estar pensando que esto en vez de ser una guía para tener sexo es una guía para NO tener sexo! Déjame asegurarte: los kabbalistas no eran tontos.

Como mencioné anteriormente, energéticamente, los hombres representan la energía de compartir de la Columna Derecha y las mujeres representan la energía de recibir de la Columna Izquierda. Ellos se conectan a la Columna Central con el uso de la restricción, el poder de resistir el flujo de energía inmediato que va de uno al otro. Es esa restricción la que revela la Luz. Entender el Sistema de Tres Columnas y el circuito que se puede crear con la energía masculina y femenina nos ofrece la oportunidad de crear alegría y satisfacción duraderas en una relación.

¿Cuántas parejas casadas conoces que hace mucho tiempo están insatisfechas con su vida sexual? La mayoría probablemente, si no es que todas. En el mejor de los casos, el sexo es predecible. En el peor, uno o ambos están envueltos en romances emocionales o físicos fuera del matrimonio. La belleza de abstenerse por casi dos semanas del mes es que cuando la pareja se une otra vez, es como si fuera la primera vez. Hay anticipación, planificación y preparación cada mes. No se toman al sexo ni a la pareja por sentados. Considéralo como un increíble retorno de la inversión de un poco de restricción.

Capítulo veintitrés

# Las relaciones felices están basadas en una amistad profunda

"No es falta de amor, sino falta de amistad lo que hace infelices a los matrimonios".
—**Friedrich Nietzche**[82]

· · · · · · · ·

**Las relaciones felices dependen más de cuánta diversión se tiene como pareja que de la resolución exitosa de los conflictos.**

Algo universal en toda la humanidad es el deseo de un lazo profundo de amistad, el cual pueda enseñarnos sobre la vida y sobre nosotros mismos si es que estamos abiertos a ello. Un buen amigo es un apoyo firme y un consejero honesto, quien nos anima a perseguir nuestros sueños y dar lo mejor de nosotros. La amistad es la conexión entre las personas cuando se sienten vistas, oídas y valoradas. Los amigos dan y reciben sin juzgar y obtienen fuerza de la relación. La definición de amistad es muy parecida a la definición de un matrimonio feliz. La amistad atiza la llama del amor porque te protege de que te sientas adversario de tu cónyuge a pesar de los desacuerdos inevitables. Los amigos dejan de lado su deseo de estallar y eligen en cambio apaciguar la situación porque dan prioridad a la relación por encima de un estallido momentáneo.

Cuando los pensamientos positivos superan a los sentimientos negativos, se necesita un conflicto mucho más significativo para perder el equilibrio como pareja. Las parejas que ponen esto en práctica por lo general son más optimistas. Anhelan pasar su vida juntos y, cuando los obstáculos surgen, se dan mutuamente el beneficio de la duda.

Muy a menudo en las relaciones nos enfocamos en:

- Lo que la otra persona puede darnos.
- Cuán sensible es a nuestras necesidades.
- Cuán constante es con sus expresiones de amor.

Para ser un gran amigo, primero debemos mirarnos a nosotros mismos para ver qué es lo que estamos creando para la otra persona. Esta es una de las muchas enseñanzas de la Kabbalah que parecen ir contra el sentido común: si deseas algo, primero tienes que darlo.

## Momento para repensar

- **¿Cuánto tiempo sonríes durante tus conversaciones?**
- **¿Muestras interés en lo que tu pareja comparte contigo?**
- **¿Es tu comportamiento abierto y comprometido?**

### PRINCIPIO KABBALÍSTICO:

Los amigos son amados porque no se apartan uno del otro y son uno de los placeres verdaderos y duraderos de la vida.

. . . . . . . .

# Estar disponible

Muchas parejas están inconscientes del papel crucial que los momentos pequeños, mundanos y cotidianos tienen en la estabilidad de la relación. Las cosas más obvias a menudo pasan inadvertidas. Al igual que a mí, a Michael le gusta compartir cosas conmigo que cree que yo disfrutaré o encontraré graciosas. Puedo estar trabajando en la otra habitación, con los niños o tener mis manos llenas de masa de galletas cuando él llama desde otra habitación: "Ven a ver esto, creo que te gustará mucho". "¿Ahora? Tengo las manos llenas de masa de galletas". Él dice: "Sí, creo que te parecerá muy gracioso".

Puedo decir que el 100 % del tiempo, dejo lo que estoy haciendo, con las manos cubiertas de masa, para compartir ese momento con él. Podría no ser el momento más conveniente, pero él detuvo lo que estaba haciendo, pensó en mí y quiso compartir algo conmigo, así que yo quiero ser recíproca. Esos momentos cuando dejas todo para conectarte hasta en la forma más pequeña, son el pegamento que los mantiene unidos en una vida agitada. Las relaciones cercanas consisten de una serie de avances emocionales, que es cuando tu pareja busca una conexión emocional, la cual puede demostrarse con una palabra amable, una sonrisa, una solicitud de consejo y un interés sincero en lo que el otro está haciendo o diciendo.

**Por más grande que sea el amor en nuestro corazón, los demás solo lo verán en nuestras acciones.**

Ahora bien, esto puede parecer intrascendente, pero es lo contario: cuando participamos en estos intercambios, estamos creando una conexión y esto profundiza la amistad. Para mantener tu conexión, no se deben dar por sentadas las interacciones cotidianas. Esta conciencia hará una diferencia enorme en tu relación, mientras que rechazar o ignorar continuamente las solicitudes de tu pareja daña la relación. Algo obvio, lo sé.

Para las parejas que viven infelices juntas, estos momentos son inusuales: lo más frecuente es que la esposa no ponga atención a lo que su marido está ofreciendo, o si lo hace, el marido ni siquiera reconoce su respuesta y viceversa. La próxima vez que tu pareja desee compartir y solicite tu atención, dásela. Suelta todo, aunque sea por un momento. Comparte momentitos de tu vida con tu pareja. La próxima vez que levantes el teléfono para llamar a un amigo para compartir algo que acaba de suceder, llama primero a tu pareja. Repítelo diariamente.

# El gran cambio: tu oportunidad para una amistad profunda

El amor es el alimento que los humanos necesitan para alcanzar su grandeza. Al no definir qué es esa grandeza, no limitamos las posibilidades. Seamos realistas, en la vida pasan cosas que revelan el carácter y componen o descomponen una relación. Todos hemos oído decir: "Pensé que conocía a mi pareja, pero esta situación me mostró su verdadero carácter". Usualmente, esto es provocado por un cambio del destino. Para mí, la manera en que mi hijo, Josh, vino al mundo es un buen ejemplo. Desde el embarazo hasta el nacimiento de Josh, su diagnóstico y los meses que siguieron, yo experimenté una montaña rusa de emociones. Este fue un momento increíblemente difícil para mí, como lo fue para Michael, y fue desafiante para nosotros como pareja. Luché con mis sentimientos de fracaso, de estar dañada. Yo creé distancia entre nosotros porque no sabía cómo compartir esos sentimientos. Todavía no me sentía segura con ese nivel de vulnerabilidad porque, de alguna manera, nunca había experimentado algo como esto.

Pero a lo largo de todo esto, Michael era mi mejor amigo. A través del dolor y la lucha, obtuve una nueva claridad. Empecé a ver la distancia que había mantenido entre nosotros al creer que la única persona en quien podía confiar era yo misma, que confiar en alguien más no era seguro. Esta era la dinámica que vi de niña, así que cuando creé mi propia familia, la imité. Siempre había tratado de ser fuerte, enorgulleciéndome de mi capacidad de no necesitar a nadie más; deseaba probar que, fuera lo que fuera, yo podía hacerlo por mí misma. Pero llegué a darme cuenta de que esto solo era el ego en acción, un mecanismo de defensa que había creado durante la niñez. Ahora podía ver claramente que esto no tenía cabida en mi matrimonio.

Después del diagnóstico de Josh, me deshice de todo eso, y Michael estaba allí para mí de formas que nunca pude haber imaginado. Cuando mi corazón se rompió, su amor lo reparó y lo llenó con la dulzura de su propio corazón. A partir de ese punto, nuestra relación creció a un nuevo nivel y determinó la ruta para el futuro. No fue sino hasta que Josh nació que aprendimos verdaderamente cuánto nos amamos uno al otro, con una profundidad y un entendimiento diferentes a cualquier cosa que yo había conocido.

¿Cómo Michael y yo hemos emergido de esto más fuertes y más profundamente enamorados de lo que estábamos antes? Es simple: decidimos que nada era más grande que el amor que nos tenemos. Nada. Ni una discusión, ni tener la razón. Sin importar qué, nuestro compromiso de uno con el otro venía primero. Al recordar nuestro matrimonio antes de Josh, apenas puedo reconocer la pareja que éramos en aquel entonces. Hacíamos lo que las parejas hacen, y por más de veintidós años creamos una vida juntos.

A medida que evolucionamos, también evolucionó nuestra relación.

En los meses después del nacimiento de Josh, Michael y yo sentimos que necesitábamos reír más. No éramos infelices, pero ciertamente estábamos serios, ocupados haciendo planes para el futuro, resolviendo cómo apoyar mejor a Josh y, comprensiblemente, perdimos algo de nuestra ligereza. Una de las cosas que siempre me ha encantado de nuestra relación es que nos reímos y nos divertimos juntos con frecuencia. Nos comprometimos a probar algunas cosas nuevas; en nuestro caso, fueron lecciones de tenis y de salsa (Michael pasaba más tiempo bailando con el instructor que conmigo, ya que él necesitaba más lecciones individuales), íbamos a excursiones y andábamos en bicicleta por los muelles. Nos reíamos mucho al hacerlo, pero después de dos meses de hacer algo cada noche, ¡estábamos exhaustos! La idea es que apartábamos el tiempo para divertirnos. Todavía hacemos un esfuerzo para hacer nuevas cosas juntos, lo cual crea conexión e intimidad, y trae más alegría a la relación.

En lugar de enfocarte en los desafíos de tu relación, realinea tus pensamientos y practica divertirte.

"Ante el asalto de la risa nada se sostiene en pie". —Mark Twain [83]

Los amigos se divierten juntos. A menudo las parejas están tan enredadas en sus rutinas y en ser "adultos" correctos y responsables que olvidan cómo divertirse o intentar cosas nuevas. Empiezan a resentir las responsabilidades diarias y tratan de recrear los tiempos divertidos que tuvieron cuando eran solteros. El cortejo no debe detenerse una vez que se casan o tienen hijos. Viajen juntos por el mundo y exploren cosas nuevas, compartan ideas interesantes y manténganse descubriendo la vida, porque ese viaje nunca termina.

Con frecuencia nos tomamos a nosotros mismos y a las cosas que hacemos o decimos muy en serio, y luego nos tomamos muy en serio los pasos que tenemos que dar para reparar esa negatividad. Una gran manera de enfrentar la difícil tarea de disminuir el ego es reírnos de nosotros mismos.

Cuando analizas tu día o tu semana, ¿ves cosas que necesitas cambiar o estás en el nivel donde puedes ver cuán tontas fueron tus acciones? Reconoce que en realidad no eres tú, porque existe una gran disparidad entre quien eres y quien estás destinado a ser. Te darás cuenta de que desearías no haber hecho ciertas cosas —como gritarle a tu pareja, arremeter contra alguien en el trabajo u ofenderte— y puedes elegir hacer un cambio en vez de mortificarte por ello.

Tomarse el cambio con demasiada seriedad incluye al ego, mientras que tratarlo con ligereza e identificando tu conducta tonta no invita al ego a participar. Cuando llegas a un punto donde puedes reírte de ti mismo y de las malas decisiones que tomaste, mediante esa ligereza puedes crear un cambio duradero.

Cuando mi hija Miriam tenía un año y mis hijos Josh y David tenían dos y seis, nuestra familia fue invitada a la fiesta de cumpleaños del hijo de una pareja con quienes habíamos hecho amistad recientemente. Estábamos deseosos de asistir, y la relación era lo suficientemente nueva como para que deseáramos responder a la invitación asistiendo. Llevamos a los niños al auto y salimos hacia la fiesta con mucho tiempo de sobra, pero esta fue una de esas ocasiones en que los planes, por muy bien preparados que estén, se desvían. La casa de nuestros nuevos amigos resultó estar en una zona de Los Ángeles en la que yo nunca había estado antes, con un laberinto de calles pequeñas e intersecciones mal señalizadas.

Todo esto ocurrió antes de la invención de los teléfonos inteligentes y el GPS era todavía poco común y costoso, así que ciertamente no teníamos uno en el automóvil. Al poco tiempo, no solamente estábamos perdidos sino desesperadamente desconcertados. Mientras seguíamos conduciendo y recorriendo las calles desconocidas, a los niños les dio hambre, uno tenía el pañal húmedo, otro tenía un pañal sucio y estaban aburridos y malhumorados. Yo sé que hay un montón de chistes acerca de esposos que no preguntan direcciones en situaciones como esta, pero aun si mi esposo lo hubiera querido, no había nadie a quien preguntar. Mientras tanto, para decirlo diplomáticamente, una energía oscura estaba empezando a hacerse sentir en el auto. Yo estaba pensando que mi esposo debió haber obtenido mejor la dirección, a lo cual él habría respondido que obtener direcciones no necesariamente era su responsabilidad exclusiva. ¡Afortunadamente, ninguna de estas acusaciones fue expresada!

Este no era un aprieto de vida o muerte, pero las pequeñeces pueden aumentar con mucha rapidez. Finalmente, estacioné el auto a un lado del camino y apagué el motor. Nuestra reacción inmediata fue descargar la frustración, pero cuando nos miramos, hubo un cambio. Reconocimos que ambos llegamos a la misma idea: que esto solo se trataba de una fiesta de cumpleaños. Nuestros ojos sonrientes suavizaron la tensión. Nos entregamos al momento en vez de tratar de controlarlo. Estando totalmente perdidos, en un automóvil caliente, bebés enfadados y pañales con popó, perdimos el juicio, pero en vez de perderlo de una manera negativa, pensamos que esto era de lo más gracioso y empezamos a reír incontrolablemente.

"Cualquiera puede ser apasionado, pero hay que ser verdaderos amantes para ponerse en ridículo". —Rose Franken[84]

Esta era la segunda vez en nuestro matrimonio que habíamos sido capaces de iniciar un cambio tan profundo. El primero ocurrió durante las semanas siguientes al nacimiento de Josh, cuando Michael y yo hicimos un pacto: que nada era más importante que nuestra relación y compromiso mutuo. Desde el momento en que Josh nació, tuvimos la opción de dejar que su diagnóstico nos dividiera o usarlo como una forma de acercarnos y unirnos más. Escogimos lo último, lo cual marcó un paso enorme en nuestra relación. En el auto aquel día, cuando habíamos llegado a nuestro límite, nos miramos uno al otro y, comparado con la pesadez verdadera y el período abrumadoramente oscuro que habíamos vivido, no podíamos tomarnos este desafío en serio. A la luz de todo lo que había pasado, esto se sentía como una cortada con papel. Nos dimos por vencidos tratando de encontrar la fiesta, pero en vez de cancelar el día o cancelarnos el uno al otro, comenzamos nuestro día de nuevo.

La verdad incómoda es que algunas parejas nunca resolverán ciertos asuntos, pero eso no significa que su relación no funciona o que no deben estar juntos. Un asunto tiene el poder de ser divisor solamente si ellos lo permiten. Pero siempre está la opción de reírse mucho y acercarse mutuamente.

Conozco a una pareja cuya relación está funcionando. Son ingleses y tal vez este sea un tipo de humor que pocos entenderán, pero compartieron esta broma interna que ilustra cuál es la esencia de su éxito como pareja. Dicen que si uno de ellos regresara a casa y dijera: "Acabo de matar a una persona", el otro respondería: "Muy bien, ¿dónde enterramos el cuerpo?". Esto no quiere decir que sean asesinos reales, obviamente, pero muestra cuán unidos están. En lugar de juzgar o culpar a su pareja por el error tan grave, saben que se apoyan mutuamente sin importar qué.

Mi esposo y yo dimos una conferencia juntos, y en un punto mientras Michael hablaba de la importancia de la amistad y la risa, dijo: "El solo hecho de estar aquí con Monica me hace feliz". Considero que esa es la idea fundamental.

<u>"De todas las cosas que la sabiduría provee para vivir la vida entera con felicidad, la más grande es la posesión de la amistad"</u>. —Epicuro

Capítulo veinticuatro

# La práctica hace al maestro

En una entrevista, un famoso violonchelista que había estado tocando al más alto nivel durante cincuenta años, observó: "Es extraño: en diez o quince minutos podría decirle todo lo que sé sobre tocar este instrumento, pero esto te serviría de poco. Me ha tomado toda una vida descubrir estas cosas. No importa lo que te diga, no tengo duda de que también te tomaría una vida". No afirmo haber dominado el arte del amor en la forma que este músico ha dominado el violonchelo, pero sí creo que algunos de los más importantes principios en la vida y el amor pueden decirse con simpleza; mucho más que ponerlos en práctica.

Voy a contarte un secretito. Cuando me casé, pensaba que era la esposa perfecta. Soy virgo, y usualmente buscamos la perfección, así que no considerarme idónea en esta área no era una opción. Debido a que había hecho un excelente trabajo en encontrar a la persona correcta con quien pasar mi vida, naturalmente, también tenía razón acerca de lo que significaba ser una buena esposa. Mucho más tarde en mi matrimonio, llegué a darme cuenta de lo ingenua que era.

Aunque enamorarse es una experiencia que todos apreciamos, el amor romántico no hace el trabajo pesado. Seguir enamorado requiere muchas expresiones de conducta generosa, y a medida que las relaciones evolucionan y generalmente se transforman en matrimonio y quizá en hijos, la cooperación se vuelve esencial. Esto solo no será suficiente para mantener unida una relación por décadas. Tiene que emerger una clase de amor más profunda basada en la compasión, el perdón, la lealtad, la tolerancia y el respeto.

No es suficiente encontrar "al indicado" si no van a invertir uno en el otro una vez que están juntos. Una buena analogía es la de una pareja que tuvo problemas para concebir y pasaron años luchando con la infertilidad, pero luego, una vez que llegó el bebé, nunca se preocuparon por cuidar al niño. Eso sería absurdo.

A pesar de lo que puedas pensar, cuando te casas, no eres un cónyuge perfecto. Tomará años de práctica para siquiera volverse buenos en esto. En su primer año de matrimonio, los recién casados se frustran cuando ocurren las discusiones. Dicen cosas como: "No hice nada incorrecto, ¡no merezco esto! Soy un buen esposo o esposa". ¡Pero la verdad es que no lo eres! ¿Por qué asumir que eres excelente en algo que nunca has dominado? Este es un territorio nuevo. Todos tenemos el potencial para ser increíbles, pero esto aún requiere trabajo continuo y conciencia.

Si eres un progenitor considerado, te preocupa que puedas equivocarte con la crianza de tu primer hijo, así que te revisas una y otra vez. ¿Cuán dañinas son mis decisiones para este hijo de quien soy responsable? Si abordáramos al matrimonio con esta conciencia, estaríamos mucho más avanzados que la mayoría de las parejas.

## PRINCIPIO KABBALÍSTICO:

Nada que valga la pena se logra por casualidad; debe perseguirse con esfuerzo y perseverancia inquebrantables. No basta con saber algo. Se requiere práctica continua cambiar gracias a ella y volverse una persona diferente.

· · · · · · · ·

Muchas investigaciones científicas han mostrado que si deseamos destacar en algo, es el ensayo y error lo que nos permite alcanzar nuestro resultado deseado. Pensamos que conocemos por nuestros padres, nuestra cultura y la televisión los papeles que marido y mujer deben desempeñar.

Crecimos mirando espectáculos que crearon en nuestra mente una vívida imagen de cuán fácil es el matrimonio. ¡Recuerda a June Cleaver, la señora Brady y la señora Walton! ¡Después fue Peggy Bundy y Edith Bunker quienes nos dieron una visión completamente diferente del matrimonio! Ambos modelos te preparan para el fracaso: uno con estándares demasiado altos y el otro con estándares demasiado bajos. Tenemos que deshacernos de nuestros conceptos erróneos de lo que son las relaciones para acoger lo que ellas pueden ser. No nos han enseñado a crear relaciones satisfactorias. Casi todos los demás objetivos tienen un camino a seguir. Hay reglas del juego, por así decirlo, específicamente con respecto a nuestras carreras, deportes o finanzas, hasta para aprender a manejar un automóvil. Al igual que en estas otras cosas, el amor también implica iniciación, pero no hay manual.

La vida está llena de oportunidades para aprender a amar más. ¿Cómo lo logramos? De la misma manera que lo hizo el violonchelista. Practicamos. En este sentido, el matrimonio es como cualquier otra cosa en la que desees ser bueno. Aprender a ser una buena pareja (o si vamos al caso, ¡para compartir un baño!) requiere una paciencia constante. Es tentador ver los matrimonios exitosos de otras personas y pensar que tuvieron un golpe de suerte, pero no es solamente suerte; es práctica. Según Malcolm Gladwell en su libro *Outliers: The Story of Success* ser bueno en algo toma 10 000 horas y, en caso de que te preguntes, ¡eso equivale a diez años![85]

La mitad de los divorcios ocurren en los primeros siete años de matrimonio (y las investigaciones demuestran que la mayoría de estas parejas solo buscan ayuda en el sexto año). Así que detengámonos por un momento y pensemos en esto: si toma diez años dominar algo, ¿cuánto tiempo están dedicando a hacer que su matrimonio sea un éxito en vez de un fracaso? Gladwell dice: "La práctica no es lo que haces una vez que eres bueno. Es aquello que haces para llegar a ser bueno".[86] Lo mismo se puede decir de las relaciones.

¿Qué hace de alguien un buen artista, un buen músico o hasta una buena persona? La práctica. Nada más. El mismo principio se aplica al matrimonio. No empezarás como un cónyuge perfecto, pero puedes pasar el resto de tu vida volviéndote uno... con la práctica.

## Conclusión:

# El ~~final~~ comienzo

Cuando eliges hacer una vida con alguien, es como reformar una casa. Conservan las cosas que les gustan, pero incorporan sus dos estilos únicos, combinándolos como el plano de un arquitecto. Este plano es cómo debe verse su relación, cada uno de ustedes viene con cosas que ama, que disfruta, que aprecia; y encontrarán una manera de cohabitar. Todos hemos oído el dicho: "Él (o ella) lleva los pantalones en la relación", pero a mí me gusta decir: "Ambos usamos shorts" porque ninguna persona debe llevar los pantalones; los compañeros iguales crean la unión marital. Decidan qué clase de relación quieren. Conversen, exploren y luego vívanla, porque aquello en lo que nos enfocamos crece. Si te enfocas en lo que tu pareja está haciendo mal o en todas las cosas que están faltando en tu relación, entonces obtendrás más de eso. Si te enfocas en lo que necesitas trabajar para crear un cambio duradero, ese proceso conducirá a una plenitud a largo plazo.

Al igual que el crecimiento, el compromiso es una tarea interna; no es tan solo una promesa. Es una voluntad que proviene del entendimiento de que tu pareja y tú están vinculados a largo plazo.

Dos personas a quienes quiero mucho y que impactaron mucho en mi vida fallecieron mientras yo estaba en el proceso de escribir este libro, y el padre a quien conocí toda mi vida empezó a desaparecer debido a los síntomas del Alzheimer. Esto puso de manifiesto lo corta que es la vida y que con demasiada frecuencia hay una falta de apreciación por lo que tenemos. Para muchos, también hay una falta de urgencia. Si tengo un mensaje para mis lectores es este: hagan que su relación funcione o dejen la relación, porque la conclusión es que la vida es demasiado corta como para ser infelices, vivir en la mediocridad o en ese lugar de: "Está bien, pero no es genial".

En la vida tendremos momentos duros y desafíos, y es maravilloso tener el apoyo de una pareja para ayudarte a pasar por ellos, pero esa no es la meta final. Tu objetivo es vivir tu vida al máximo, y una pareja es una parte importante de esa experiencia.

## El amor es más que un sentimiento. Es un proceso que requiere atención continua.

Cuestiona —e intenta— todo.

Repiensa tu amor.

# Acerca de la autora

Madre, esposa, hermana, hija, maestra, amiga, autora, entusiasta del cardio y adicta al cambio. Monica Berg integra todo lo que ella es en su misión de empoderar a los demás para que descubran sus dones únicos. Auténtica y audaz, ella nos recuerda nuestro extraordinario potencial y nos impulsa hacia delante con compasión y entendimiento.

Informada por sus muchos años de estudio kabbalístico, Monica canaliza la poderosa chispa interna de Luz que vive dentro de todos nosotros. Monica también se basa en sus propias experiencias de vida. Luchó y superó un trastorno alimentario debilitante, y como madre de cuatro hijos, uno de los cuales tiene necesidades especiales, ella se ha vuelto una defensora para que él y otras personas con dificultades encuentren su propia voz.

Con humor, conocimiento y sinceridad, Monica comparte cómo crear una vida en la que los lectores vivan y amen como las personas poderosas y plenas que siempre quisieron ser. Ella inspira a la gente a entusiasmarse con un estilo de vida de cambio al mostrarles cómo expresar fortaleza incluso en las situaciones más difíciles cambiando lo único que pueden: a sí mismos.

Monica Berg es la autora de *El miedo no es una opción*, publica entradas semanales en su blog www.rethinklife.today y es Directora de Comunicaciones del Centro de Kabbalah Internacional. Vive en Nueva York con su esposo Michael y sus hijos David, Joshua, Miriam y Abigail.

# Reconocimientos

Gracias, Rav y Karen, por mostrarme mi primera historia de amor de la vida real. Su amor trasciende el tiempo y el espacio. Ser testigo de su relación me hizo conocer que el amor puro, incondicional y duradero puede existir.

A Michael, a quien ya he dedicado este libro... me haces absurdamente feliz.

Gracias a mis hijos David, Joshua, Miriam y Abigail por enseñarme cómo dar y recibir amor. Nada más. Nada menos. Absolutamente todo. Que siempre conduzcan sus vidas con su corazón, con amor incondicional, bondad, cuidado, compasión y empatía. Un día descubrirán que este es el propósito de una vida bien vivida y bien amada.

Liz, al escribir este libro descubrí aspectos de mí misma que no había conocido, pero también me reuní con una vieja amiga: tú. Una amiga que he conocido por más tiempo del que puedo recordar. Haces mi vida más divertida, rica y llena de propósito. Como te he dicho a menudo: "Me agradas mucho, desquiciadamente. Quiero una versión en miniatura tuya para guardarla en mi bolsillo. Te daría migajas de muffin y podríamos hablar todo el día".

Querida Annie, te amo y te extraño. Ya no estás en este mundo, pero para mí tú eres de este mundo... siempre.

Peter Guzzardi, mi editor, impartiste dos palabras valiosas por las que vivo: ¡Desempaca esto! Me has ayudado a acoger la paciencia, el proceso y me hiciste una mejor escritora. Gracias.

A mi tribu: mamá, papá, Rebecca y Jessica, gracias por amarme toda mi vida y asegurarse de que siempre lo sintiera.

Gracias, Kelly Milano, RR. PP. Sarah Hall y su equipo, Jazmine Green y a cada uno de los que me han apoyado a lo largo de esta labor de amor.

Y a todos ustedes, mis lectores: ustedes son la razón por la que he trabajado en este libro durante siete años. Que las palabras en cada página resuenen con ustedes y les permitan crear sus historias de amor más profundas.

# Referencias bibliográficas

1 Baldwin, James. "'Fifth Avenue, Uptown' by James Baldwin." Esquire, Esquire, 11 Oct. 2017, www.esquire.com/news-politics/a3638/fifth-avenue-uptown/.

2 Shapira, Rabbi Kalonymus Kalman. *A Student's Obligation: Advice from the Rebbe of the Warsaw Ghetto*. J. Aronson, 1991.

3 Shapira, Rabbi Kalonymus Kalman. *A Student's Obligation: Advice from the Rebbe of the Warsaw Ghetto*. J. Aronson, 1991.

4 Fielding, Helen. *Bridget Jones's Diary*. Picador, 1996.

5 Shapira, Rabbi Kalonymus Kalman (translated by Yehoshua Starrett). *To Heal the Soul: The Spiritual Journal of a Chasidic Rebbe*. Rowman & Littlefield, 2004.

6 Allison, Jay, et al. *This I Believe: The Personal Philosophies of Remarkable Men and Women*. Picador/Henry Holt and Co., 2017.

7 Allison, Jay, et al. *This I Believe: The Personal Philosophies of Remarkable Men and Women*. Picador/Henry Holt and Co., 2017.

8 Berg, Michael. *Becoming Like God: Our Ultimate Destiny*. Kabbalah Learning Center, 2010.

9 "A Quote by Oscar Wilde." Goodreads, Goodreads, www.goodreads.com/quotes/19884-be-yourself-everyone-else-is-already-taken.

10 Weintraub, Pam. "How to Grow Up." Psychology Today, Sussex Publishers, 1 May 2012, www.psychologytoday.com/us/articles/201205/how-grow.

11 Brown, Brené. Daring Greatly: *How the Courage to Be Vulnerable Transforms the Way We Live, Love, Parent, and Lead*. Penguin Life, 2015.

12 Jobs, Steve. "Text of Steve Jobs' Commencement Address (2005)." Stanford University, Stanford News, 12 June 2017, news.stanford.edu/2005/06/14/jobs-061505/.

13 Jaquish, Barbara. "Longer Is Better? We Seem to Think So." University of Arkansas News, 2 Sept. 2010, news.uark.edu/articles/14579/longer-is-better-we-seem-to-think-so.

14 Gibbs, Nancy. "The State of the American Woman." Time, Time Inc., 14 Oct. 2009, content.time.com/time/specials/packages/article/0,28804,1930277_1930145_1930309,00.html.

15 Popova, Maria. "Buckminster Fuller's Brilliant Metaphor for the Greatest Key to Transformation and Growth." Brain Pickings, Brain Pickings, 13 July 2016, www.brainpickings.org/2015/08/21/buckminster-fuller-trim-tab/.

16 "A Quote by Mahatma Gandhi." Goodreads, Goodreads, www.goodreads.com/quotes/142891-as-human-beings-our-greatness-lies-not-so-much-in.

17 Whitney, Craig R. "Jeanne Calment, World's Elder, Dies at 122." The New York Times, The New York Times, 5 Aug. 1997, www.nytimes.com/1997/08/05/world/jeanne-calment-world-s-elder-dies-at-122.html.

18 Kato, Kaori, et al. "Positive Attitude towards Life and Emotional Expression as Personality Phenotypes for centenarians 2." Advances in Pediatrics., U.S. National Library of Medicine, 21 May 2012, www.ncbi.nlm.nih.gov/pmc/articles/PMC3384436/.

19 Berg, Philip S. *Wheels of a Soul*. Kabbalah Learning Centre, 1987.

20 "MADtv." MADtv, season 6, episode 24, Comedy Central, 12 May 2001.

21 Rimer, Sara. "Happiness & Health." Obesity Prevention Source, 19 Feb. 2014, www.hsph.harvard.edu/news/magazine/happiness-stress-heart-disease/.

22 Tolle, Eckhart. *The Power of Now: a Guide to Spiritual Enlightenment*. Namaste, 1997.

23 "Albert Einstein Quotes." BrainyQuote.com. Xplore Inc, 2018. 7 June 2018. https://www.brainyquote.com/quotes/albert_einstein_130982

24 Hay, Louise L. *You Can Heal Your Life*. Hay House, Inc., 2017.

25 Slovic, P., Finucane, M., Peters, E., & MacGregor, D. G. (2002). The affect heuristic. In T. Gilovich, D. Griffin, & D. Kahneman (Eds.), Heuristics and biases: The psychology of intuitive judgment (pp. 397-420). New York: Cambridge University Press

26 Zajonc, R. B. (1980). Feeling and thinking: Preferences need no inferences. American Psychologist, 35(2), 151-175.

27 Newton, Phil. "Traumatic Brain Injury Leads to Problems with Emotional Processing."Psychology Today, Sussex Publishers, 3 Jan. 2010, www.psychologytoday.com/us/blog/mouse-man/201001/traumatic-brain-injury-leads-problems-emotional-processing.

28 Haidt, Jonathan. *The Happiness Hypothesis: Finding Modern Truth in Ancient Wisdom*. Basic Books, a Memberof the Perseus Books Group, 2006.

29 Haidt, Jonathan. *The Happiness Hypothesis: Finding Modern Truth in Ancient Wisdom*. Basic Books, a Member of the Perseus Books Group, 2006.

30 Brown, Brené. *Daring Greatly: How the Courage to Be Vulnerable Transforms the Way We Live, Love, Parent, and Lead*. Penguin Life, 2015.

31 Berglas, S, and E E Jones. "Drug Choice as a Self-Handicapping Strategy in Response to Noncontingent Success." Advances in Pediatrics., U.S. National Library of Medicine, Apr. 1978, www.ncbi.nlm.nih.gov/pubmed/650387.

32 Berglas, S, and E E Jones. "Drug Choice as a Self-Handicapping Strategy in Response to Noncontingent Success." Advances in Pediatrics., U.S. National Library of Medicine, Apr. 1978, www.ncbi.nlm.nih.gov/pubmed/650387.

33 Howard, Ron, director. Rush. Universal Studios, 2013.

34 Deford, Deborah, editor. Reader's Digest Quotable Quotes: Wit and Wisdom for All Occasions from America's Most Popular Magazine. Reader's Digest, 1997.

35 "Marriage and Divorce." Monitor on Psychology, American Psychological Association, www.apa.org/topics/divorce/.

36 Soul, Jimmy. If You Wanna Be Happy: the Very Best of Jimmy Soul.

37 Mann, Denise. "Pregnancy Brain: Myth or Reality?" WebMD, WebMD, www.webmd.com/baby/features/memory_lapse_it_may_be_pregnancy_brain#1.

38 Miller, Donald. *A Million Miles in a Thousand Years: What I Learned While Editing My Life*. Thomas Nelson, 2010.

39 Harry, Njideka U. "Nelson Mandela Taught Us the True Meaning of Social Entrepreneurship." The Huffington Post, TheHuffingtonPost.com, 15 Feb. 2014,

40 Chuck Palahnuik. "Chuck Palahniuk Quotes." BrainyQuote.com. Xplore Inc, 2020. 28 October 2020. https://www.brainyquote.com/search_results?q=Chuck+Palahniuk+find+joy

41 "Excerpts From Rushdie's Address: 1,000 Days 'Trapped Inside a Metaphor'." The New York Times, The New York Times, 12 Dec. 1991, www.nytimes.com/1991/12/12/nyregion/excerpts-from-rushdie-s-address-1000-days-trapped-inside-a-metaphor.html.

42 Flanagan, Owen J. *Consciousness Reconsidered*. MIT Press, 1998.

43 Kiyosaki, Robert, and Sharon Lechter. *Rich Dad, Poor Dad*. Warner Books, 1997.

44 Marshall, Garry, director. Beaches. Touchstone Pictures, 1988

45 "The Freudian Theory of Personality." Journal Psyche, 2018, journalpsyche.org/the-freudian-theory-of-personality/.

46 History.com Staff. "Battles of Trenton and Princeton." History.com, A&E Television Networks, 2009, www.history.com/topics/american-revolution/battles-of-trenton-and-princeton.

47 "Vince Lombardi Quotes." BrainyQuote.com. Xplore Inc, 2018. 6 June 2018. https://www.brainyquote.com/quotes/vince_lombardi_100525

48 Billy Joel. Just the Way You Are, Columbia Records, Sept. 1977.

49 Gilbert, Daniel Todd. *Stumbling on Happiness*. Vintage Books, 2007.

50  Lisitsa, Ellie. "The Magic Relationship Ratio, According to Science." The Gottman Institute, The Gottman Institute, 15 Feb. 2018, www.gottman.com/blog/the-magic-relationship-ratio-according-science/.

51  Walsh, Coleen. "Money Spent on Others Can Buy Happiness." Harvard Gazette, Harvard Gazette, 17 Apr. 2008, news.harvard.edu/gazette/story/2008/04/money-spent-on-others-can-buy-happiness/.

52  D. W. Winnicott, *The Child, the Family, and the Outside World* Middlesex 1973

53  Berg, Rav. "The Unity of True Love." Zohar.com, The Kabbalah Centre, www.zohar.com/article/unity-true-love.

54  Berg, Michael. *Becoming Like God: Our Ultimate Destiny*. Kabbalah Learning Center, 2010.

55  Drigotas, S. M. (2002). The Michelangelo Phenomenon and Personal Well-being. Journal of Personality, 70, 55-77

56  Calhoun, Ada. "To Stay Married, Embrace Change." *The New York Times, The New York Times*, 21 Apr. 2017, www.nytimes.com/2017/04/21/style/modern-love-to-stay-married-embrace-change.html.

57  Bernstein, Rebecca. "Business Psychology: Golem Effect vs. Pygmalion Effect." BUonline, Management News, 14 Dec. 2017, online.brescia.edu/management-news/golem-effect-vs-pygmalion-effect/.

58  "You Bet Your Life." Dwan, Robert and Bernie Smith, directors. You Bet Your Life, performance by Groucho Marx, CBS Radio, 1955.

59  "Everybody Worships: David Foster Wallace on Real Freedom and the Skeleton of Every Great Story." Mockingbird, 18 June 2012, www.mbird.com/2008/09/more-david-foster-wallace-quotes/.

60  Callahan, Maureen. "The Night Tiger Woods Was Exposed as a Serial Cheater." New York Post, New York Post, 26 July 2017, nypost.com/2013/11/24/the-night-tiger-woods-was-exposed-as-a-serial-cheater/.

61  "Andre Maurois Quotes." BrainyQuote.com. Xplore Inc, 2018. 11 June 2018. https://www.brainyquote.com/quotes/andre_maurois_107694

62  Fraley, R. Chris. "Adult Attachment Theory and Research." R. Chris Fraley, University of Illinois, 2018, labs.psychology.illinois.edu/~rcfraley/attachment.htm.

63  McCaffrey, Anne. *The Dragonriders of Pern*. Ballantine Books, 1968.

64  Schulz, Kathryn. "Being Wrong." *The New York Times, The New York Times,*10 June 2010, www.nytimes.com/2010/06/11/books/excerpt-being-wrong.html.

65  Gandhi, and S. Radhakrishnan. All Men Are Brothers: Life and Thoughts of Mahatma Gandhi. Literary Licensing, 2011.

66 Smedes, Lewis B. *Forgive and Forget: Healing the Hurts We Don't Deserve*. HarperOne, 2007.

67 Kabbalah Centre. "On Blessings and Gratitude." The Kabbalah Centre, The Kabbalah Centre, 1 Sept. 2015, kabbalah.com/en/concepts/on-blessings-and-gratitude.

68 Weingarten, Gene. "Pearls Before Breakfast: Can One of the Nation's Great Musicians Cut through the Fog of a D.C. Rush Hour? Let's Find Out." *The Washington Post*, WP Company, 8 Apr. 2007, www.washingtonpost.com/lifestyle/magazine/pearls-before-breakfast-can-one-of-the-nations-great-musicians-cut-through-the-fog-of-a-dc-rush-hour-lets-find-out/.

69 Stillman, Jessica. "Gratitude Physically Changes Your Brain, New Study Says." Inc.com, Inc., 15 Jan. 2016, www.inc.com/jessica-stillman/the-amazing-way-gratitude-rewires-your-brain-for-happiness.html.

70 "A Quote by Henry Winkler." Goodreads, Goodreads, www.goodreads.com/quotes/41593-assumptions-are-the-termites-of-relationships.

71 Fulwiler, Michael. "The Empirical Basis for Gottman Method Couples Therapy." The Gottman Institute, The Gottman Institute, 13 Mar. 2017, www.gottman.com/blog/the-empirical-basis-for-gottman-method-couples-therapy/.

72 McLeod, Saul. "Maslow's Hierarchy of Needs." Simply Psychology, Simply Psychology, 21 May 2018, www.simplypsychology.org/maslow.html.

73 Burford, Michelle. "Women's Power to Hurt the Male Ego." CNN, Cable News Network, 25 Oct. 2010, www.cnn.com/2010/LIVING/10/25/o.glass.ego/index.html.

74 "Red Skelton Quotes." BrainyQuote.com. Xplore Inc, 2018. 6 June 2018. https://www.brainyquote.com/quotes/red_skelton_391663

75 Gottman, John Mordechai and Nan Silver. *The Seven Principles for Making Marriage Work*. Cassell Illustrated, 2018.

76 Gottman, John Mordechai and Nan Silver. *The Seven Principles for Making Marriage Work*. Cassell Illustrated, 2018.

77 Cruz, Germano Vera, and Liria Maússe. "The Kinsey Institute (2010). National Survey of Sexual Health and Behavior. Indiana KI. - References - Scientific Research Publishing."Open Journal of Acoustics, Scientific Research Publishing, 19 Aug. 2014, www.scirp.org/(S(lz5mqp453edsnp55rrgjct55))/reference/ReferencesPapers.aspx?ReferenceID=1262827.

78 Arnocky, Steven, et al. "Altruism Predicts Mating Success in Humans." Freshwater Biology, Wiley/Blackwell (10.1111), 18 July 2016, onlinelibrary.wiley.com/doi/abs/10.1111/bjop.12208.

79 Sangwin, Becca. "4 Typical Solvable Relationship Problems." The Gottman Institute, The Gottman Institute, 2 Apr. 2018, www.gottman.com/blog/4-typical-solvable-problems-relationships/.

80 Finer LB and Philbin JM, Trends in ages at key reproductive transitions in the United States, 1951–2010, Women's Health Issues, 2014, 24(3):e271–e279, doi:10.1016/j.whi.2014.02.002.

81 Martinez GM and Abma JC, Sexual activity, contraceptive use, and childbearing of teenagers aged 15–19 in the United States, NCHS Data Brief, 2015, No. 209.

82 "Friedrich Nietzsche Quotes." BrainyQuote.com. Xplore Inc, 2018. 10 June 2018. https://www.brainyquote.com/quotes/friedrich_nietzsche_109784

83 Twain, Mark. *The Mysterious Stranger and Other Curious Tales*. Gramercy Books, 1997.

84 "A Quote by Rose Franken." Goodreads, Goodreads, www.goodreads.com/quotes/64672-anyone-can-be-passionate-but-it-takes-real-lovers-to.

85 Gladwell, Malcolm. *Outliers*. Penguin, 2009.

86 Gladwell, Malcolm. Outliers. Penguin, 2009.

# Repensar el Amor

# Repensar el Amor

www.ingramcontent.com/pod-product-compliance
Lightning Source LLC
Chambersburg PA
CBHW050549160426
43199CB00015B/2595